運勢占い

1時間で未来のホロスコープが
読めるようになる本

星よみの教科書

星読みコーチ
だいき

KADOKAWA

はじめに

この度は、『星よみの教科書 運勢占い』を手に取っていただき、ありがとうございます。

本書は**『自分で自分の未来を占えるようになる』**本です。専門用語でいうと、**「ダブルチャートホロスコープ」が読めるようになる**本だと思っていただければいいでしょう。「何を言っているの？」と思った方、安心してください。かっこつけて専門用語を使ってみましたが、やることはとてもかんたんです。

まず、「ホロスコープ」とはなんなのか？ということからご説明します。ホロスコープとは「あなたが生まれた時刻に、どの方向に星があったかを示したもの」（ホロスコープの詳しい読み方は、前著『星よみの教科書 1時間でホロスコープが読めるようになる本』に詳しく書きました。ですが、前著を読んでいなくても大丈夫。本書からのスタートでも十分です）。円形のホロスコープを鑑定することで、生まれながらに持っている星座ごとの性格がわかります。

では、「ダブルチャートホロスコープ」とはなんなのか？ ダブルチャートホロスコープとは、読んで字の如く二重円のホロスコープのこと。内側の円にあなたの生まれた時刻の星の配置図、外側の円に占いたい日の星の配置図を示したものです。

朝の情報番組の最後や、雑誌の巻末にある「今日（今月）の星座占い」では、このダブルチャートホロスコープで占った内容を伝えています。つまり、「ホロスコープ」はあなたの元々の性格を占うことができ、「ダブルチャートホロスコープ」は、あなたの未来を占うことができるというわけです。

しかも本書は次の3ステップで、あっという間にあなたの未来がわかります。

①算出サイトを使って、ダブルチャートホロスコープを出す
②穴埋め式・鑑定テンプレに穴埋めする
③穴埋めしたキーワードを文章で繋げる

さて、**自分で自分の未来を占えるようになると、どんな良いことがあると思いますか？**

何より、先行きが不透明な未来に対する不安がなくなり、そのうえであなたがどのような行動を起こせばいいのかが明確になります。自分の「未来」として実現させたい事柄を指す「夢」を実現しやすくもなるでしょう。

「夢」を叶えられるのは、才能ある一部の人だけだと思う人もいるかもしれません。でも、どれだけ才能を持っていたとしても、行動しないと何も始まらないのです。夢を叶えるのに本当に大切なのは、才能があるかどうかではなく、行動するかどうかだと僕は思っています。

運勢占いは、「あなたが思い描く未来を実現するための地図」を示してくれるでしょう。

実は僕自身、事業に失敗して住む家がなくなるところまで追い詰められたことがありました。そんなときに「これ以上落ちることはないだろうから、それならせめて、輝かしい未来を信じ、そのためにできることを精一杯やろう」と決め、偶然出会った星よみの道に足を踏み入れました。

当時は、運勢占いが完璧にできたわけではありませんが、仕事がうまくいった数年後にダブルチャートホロスコープを使って振り返ってみたときに、驚くほどのレベルで星が味方をしてくれていたことがわかりました（こんなふうに、ダブルチャートホロスコープは、未来だけでなく過去を調べることもできます）。

もしあのとき、「運勢占いができる自分だったらどれだけよかったことか……」と思うこともなくはないのですが（笑）、この経験があるからこそ、この本を手に取っていただいた方に「自分で自分の未来を占うことができる」ということの大切さをお伝えしたいと思っています。

この本は、**星よみの難しい知識がなくても、驚くほどかんたんにあなたの未来を占える1冊です。**安心して、これから先のページを読み進めていってください。

この1冊で「あなたが思い描く未来を実現するための地図」が手に入ることをお約束します。

運勢占いで使う ホロスコープ

星よみにおけるホロスコープとは、生まれたときに天体やサインがどこにあったかを示す配置図です。その人の取り扱い説明書のような役割があり、性格や適性を知ることができます。

運勢占いでは、「ダブルチャートホロスコープ(二重円)」というホロスコープを使います。ホロスコープが2つ重なっているため、このように呼ばれます。未来のある日の天体とサインが、生まれたときの天体とサインの配置にどのような影響を与えるかを見ることで運勢を占うことができます。

外枠

ダブルチャートホロスコープの一番外枠にあるのはサインです。基本的に1ハウスには太陽星座が入り、そこから12星座が順番に並んでいます。

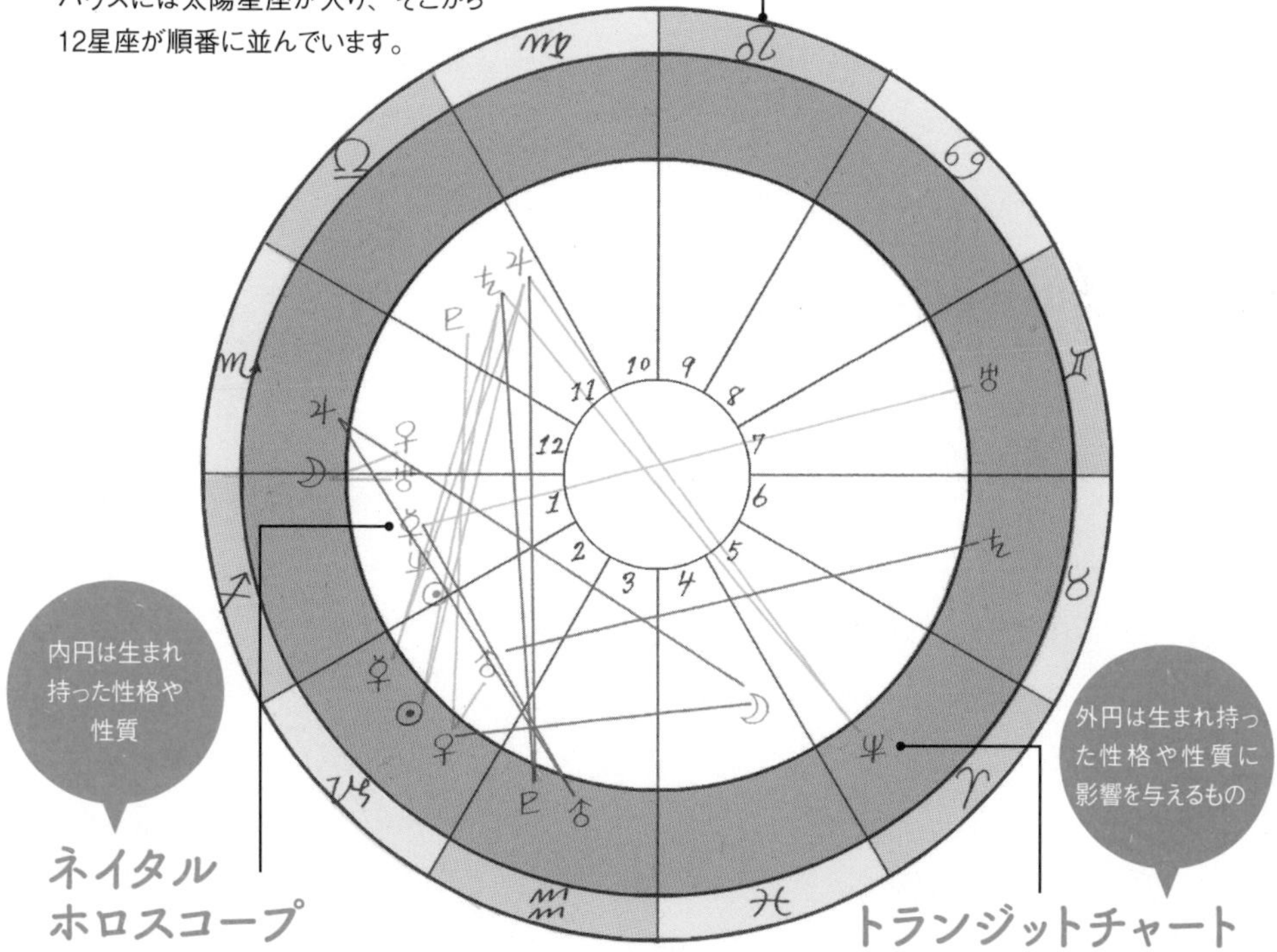

ネイタルホロスコープ

ダブルチャートホロスコープの内側はネイタルホロスコープ(内円)といい、生まれたときの天体とサインの配置を示しています。

トランジットチャート

ダブルチャートホロスコープの外側はトランジットチャート(外円)といい、未来を表しています。指定した未来の日付の天体配置を示しています。

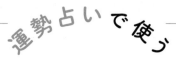

1時間で運勢占いができるようになるって本当!?
私、ココ
ホロスコープを使った運勢占いを勉強中
う、う、う、やっぱり難しい!!
そうだ、あの人に聞いてみよう
だいきさ~ん!
呼びました?
もちろん!
わあ
本当に来てくれた

念のため自己紹介するね
星読みコーチだいきです。
＊『星よみの教科書
1時間でホロスコープが
読めるようになる本』の著者
＊オンラインやSNSを通して
星よみ情報を発信中！
性格や適性を占う個人鑑定について知りたかったらこちらを見てね
星よみって難しいよね。僕も、本を何十冊も読んだりセミナーに参加しても、最初はわからなかった
それで、理解できない理由は
ホロスコープの読み方が体系化されていないからだと気づいたんだ
アスペクト
〇〇座
ハウス
天体
アスペクト
ほとんどの場合、感覚的にしか表現されていなかったから
だから、自分でホロスコープの鑑定方法を作っちゃったの!?
にゃんと!!
おそろしい人!!

ホロスコープ
とは?
ホロスコープとは、その人の取り扱い説明書のようなもの
トリセツ
自分の適性がわかるし、未来の運勢も占うこともできるんです
未来!?
未来の自分を知りたいんですよね?
では、早速ホロスコープを出してみましょう
運勢占いではこの算出サイトとアプリがおすすめです
初心者向けサイト
「メトロポリタン占星術」
上級者向けアプリ
「Astro Gold」など

ホロスコープの出し方はかんたん。ダブルチャートを選んで……
名前や生年月日などの項目を埋めるだけ。ただ、出生時間は時刻不明にするのがポイントだよ
ポチポチ
どうして時刻不明にするの？
運勢占いに向いているシステムを使うためだよ
詳しくはP27を見てね
そして、占いたい未来の日付も入力するのね。2030年1月1日にしてみよう!!
未来へGO!!
HOROSCOPE

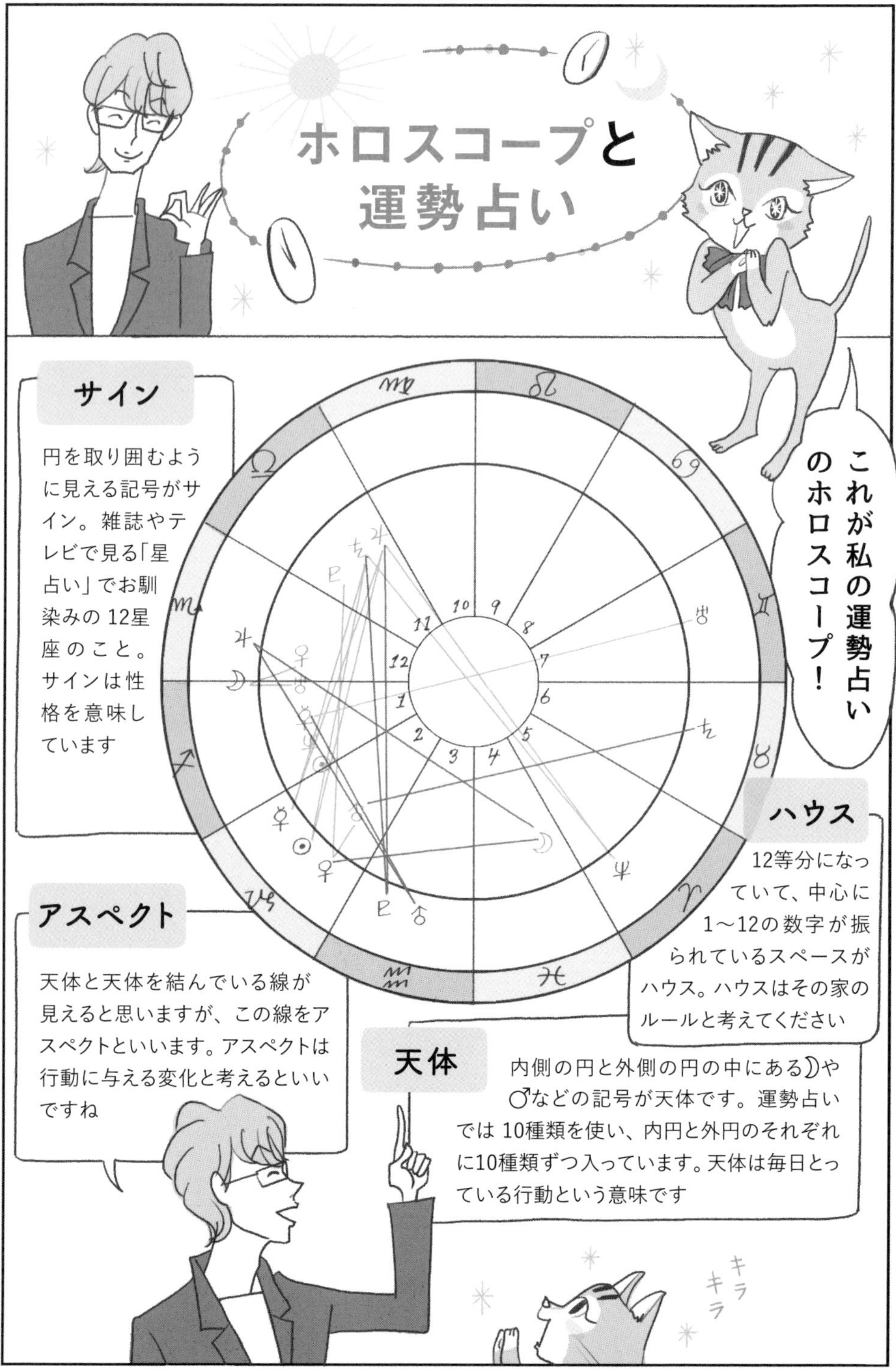
ホロスコープと
運勢占い
これが私の運勢占いのホロスコープ！
サイン
円を取り囲むように見える記号がサイン。雑誌やテレビで見る「星占い」でお馴染みの12星座のこと。サインは性格を意味しています
ハウス
12等分になっていて、中心に1～12の数字が振られているスペースがハウス。ハウスはその家のルールと考えてください
アスペクト
天体と天体を結んでいる線が見えると思いますが、この線をアスペクトといいます。アスペクトは行動に与える変化と考えるといいですね
天体
内側の円と外側の円の中にある☽や♂などの記号が天体です。運勢占いでは10種類を使い、内円と外円のそれぞれに10種類ずつ入っています。天体は毎日とっている行動という意味です
キラキラ

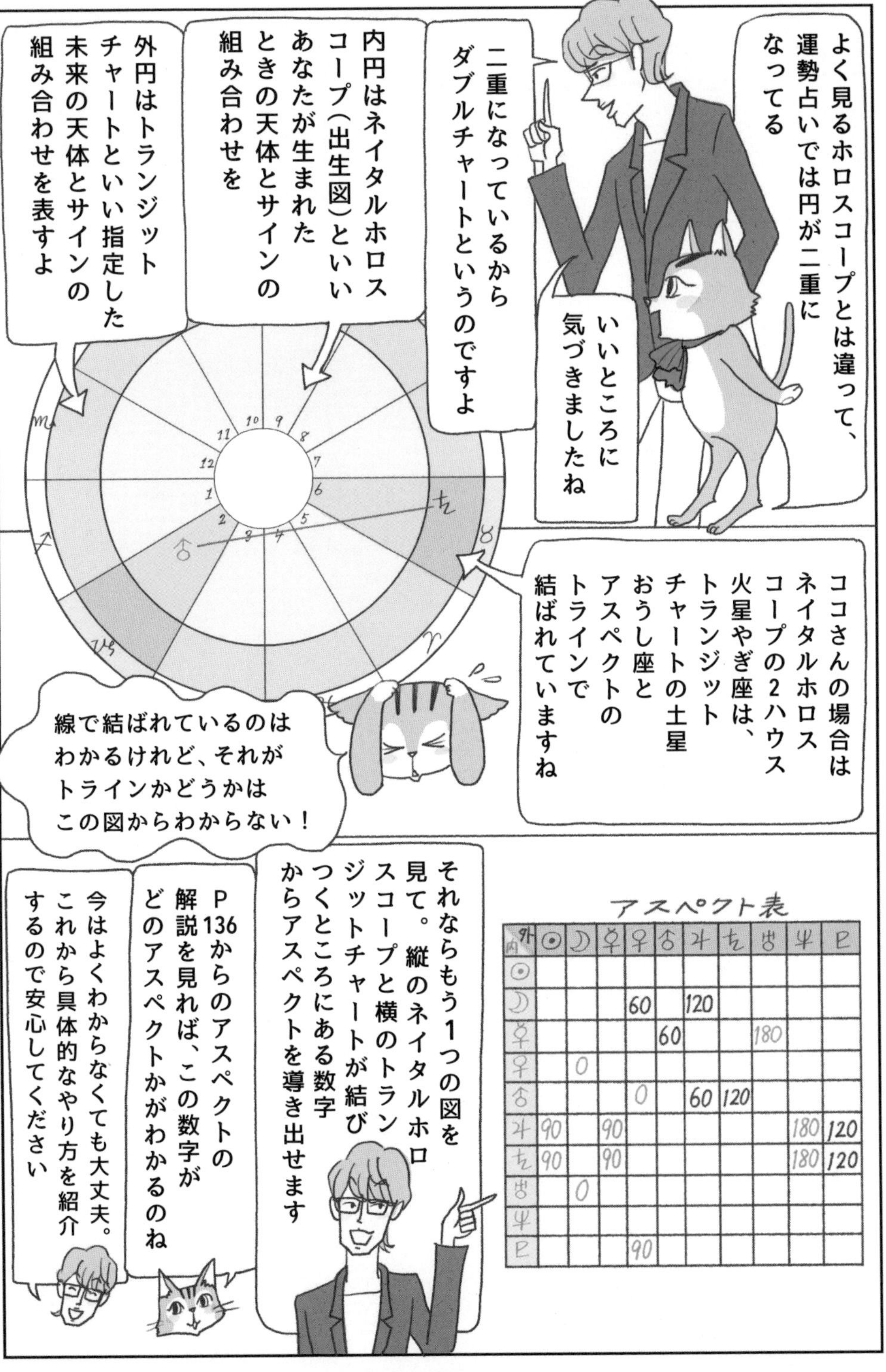
よく見るホロスコープとは違って、運勢占いでは円が二重になってる
いいところに気づきましたね
二重になっているからダブルチャートというのですよ
内円はネイタルホロスコープ（出生図）といいあなたが生まれたときの天体とサインの組み合わせを
外円はトランジットチャートといい指定した未来の天体とサインの組み合わせを表すよ
ココさんの場合はネイタルホロスコープの2ハウス火星やぎ座は、トランジットチャートの土星おうし座とアスペクトのトラインで結ばれていますね
線で結ばれているのはわかるけれど、それがトラインかどうかはこの図からわからない！
それならもう1つの図を見て。縦のネイタルホロスコープと横のトランジットチャートが結びつくところにある数字からアスペクトを導き出せます
P136からのアスペクトの解説を見れば、この数字がどのアスペクトかがわかるのね
今はよくわからなくても大丈夫。これから具体的なやり方を紹介するので安心してください
アスペクト表

内＼外	☉	☽	☿	♀	♂	♃	♄	♅	♆	♇
☉										
☽				60		120				
☿					60			180		
♀		0								
♂				0		60	120			
♃	90		90						180	120
♄	90		90						180	120
♅		0								
♆										
♇				90						

CONTENTS

第3部 太陽星座で読む未来の切り開き方と月星座で読む過去の癒やし方

STAFF

装丁　小口翔平＋嵩あかり（tobufune）

装画・漫画　佳矢乃（sugar）

本文デザイン　BLUE DESIGN COMPANY

校正　玄冬書林

第1部

鑑定の仕方

難しく考えず、手を動かすのが近道です。
早速鑑定をしてみましょう。

初級者編

(使うページ) 初級者編 日運を占う 穴埋め式・鑑定テンプレ(P26)

(こんな人におすすめ)
- ☑ 初めて運勢占いをする人、まずは練習したい人
- ☑ 運勢占いに過去に挑戦したけれど、途中で挫折した人
- ☑ かんたんにその日の気分を占いたい人

(やること)

1 ホロスコープを出す

算出サイトやアプリを使ってダブルチャートホロスコープを出します(P8～9参照)。「内側のホロスコープ」に占いたい人の生年月日、生まれた場所を、「外側のホロスコープ」には占いたい未来の日時を入力します。このとき、「内側のホロスコープ」の生まれた時間は「時刻不明」にします。ネット検索をすれば数多くのサイトが見つかりますが、初心者には「メトロポリタン占星術」などがおすすめです(2024年5月時点)。

2 外枠にサインを書き写す

算出サイトの結果をもとに、P26のダブルチャートホロスコープの一番外枠にサインを書き写します。**1ハウスに太陽星座が入っているはずなので、そこを起点に書き始めるとスムーズ**です。サイン記号に慣れていない人は文字で書いてもOK。

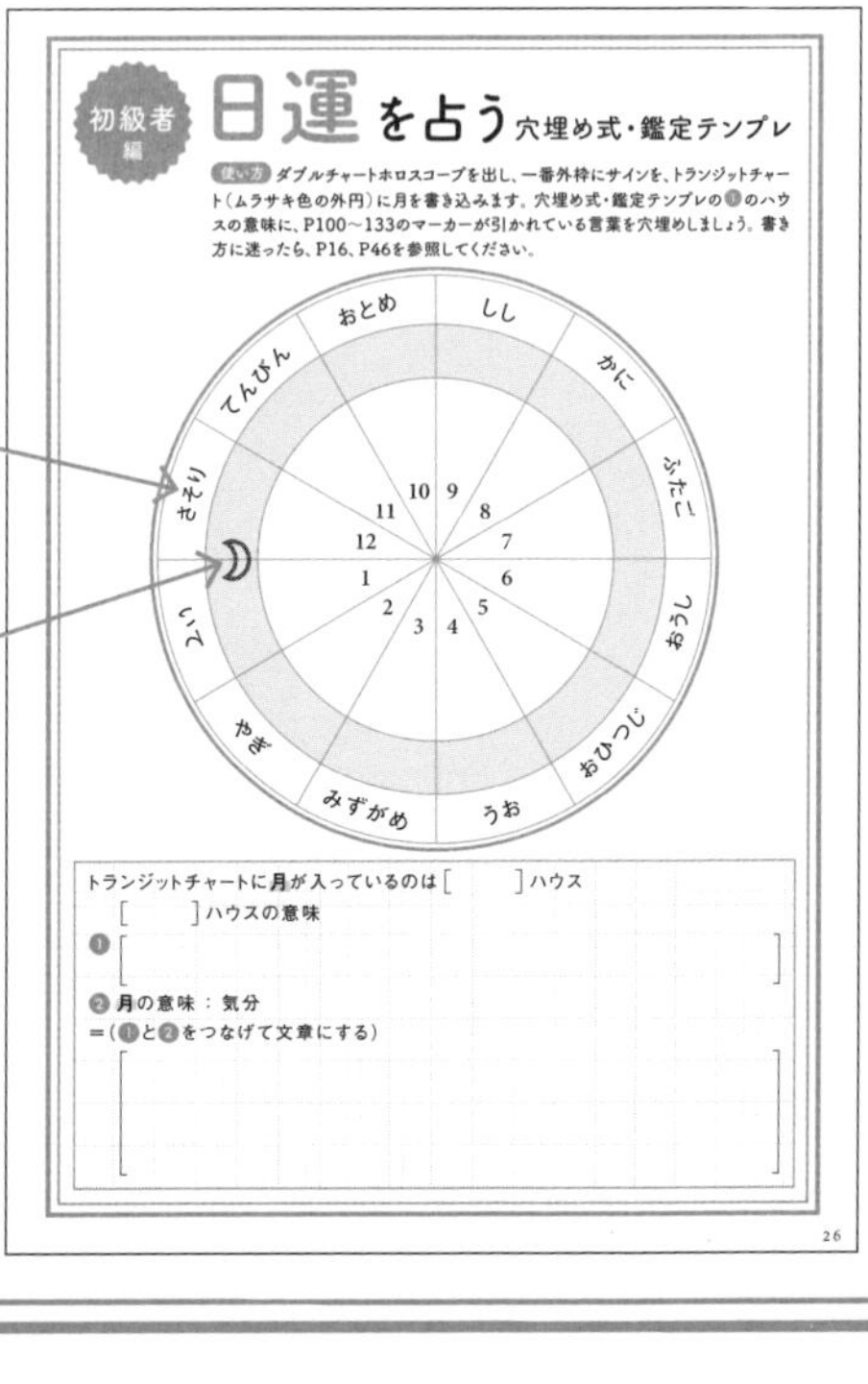

3 月を書き写す

算出サイトの結果を見て、未来を表すトランジットチャート(外円)の☽がどこのハウスに入っているかをチェック。P26のダブルチャートホロスコープの**ムラサキ色の外円に同じように書き込みます。**

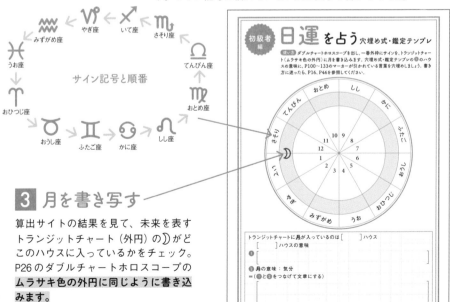

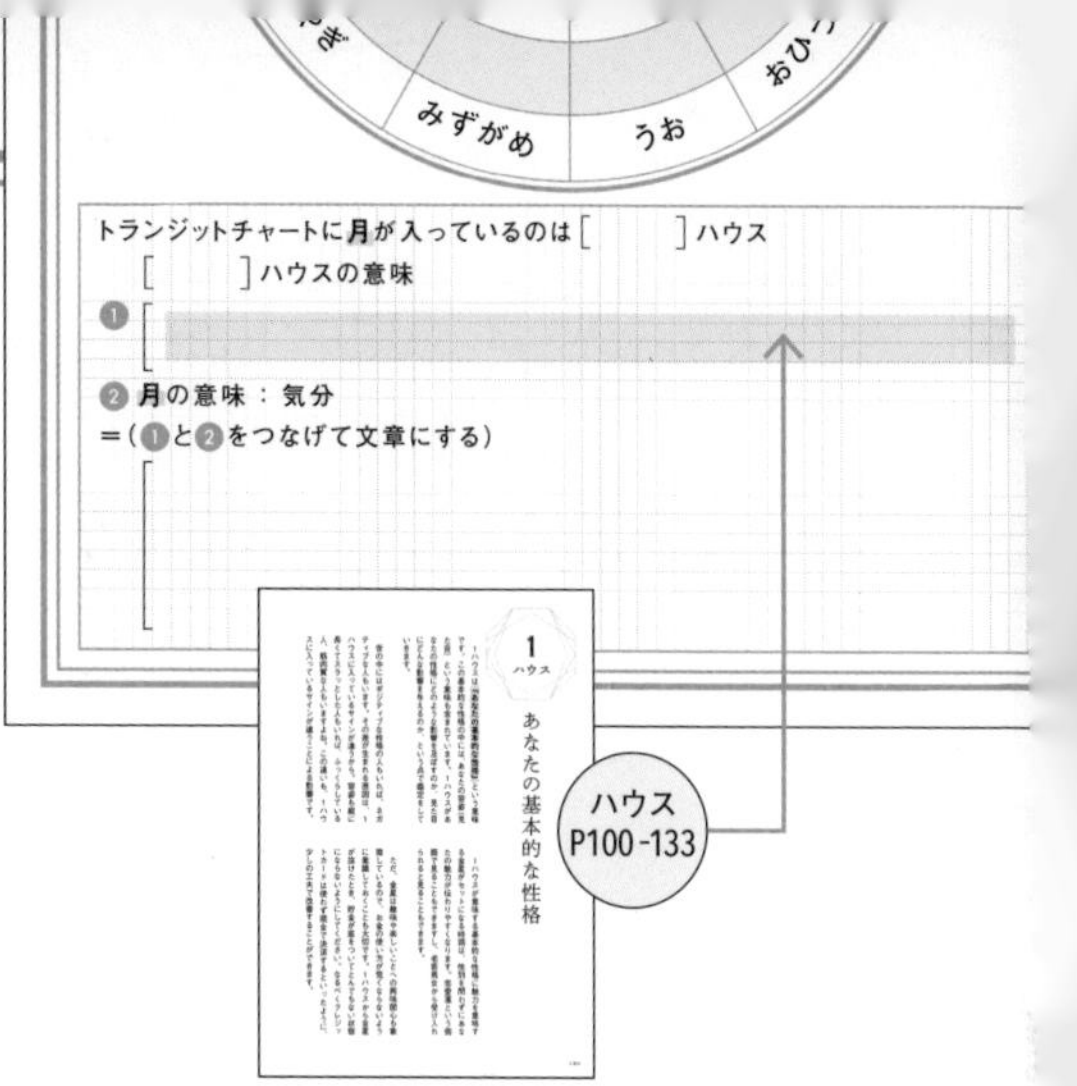

4 穴埋め式・鑑定テンプレを記入する

ダブルチャートホロスコープを見ながら、「初級者編 穴埋め式・鑑定テンプレ」（P26）に本文の（P100～133）のマーカー部分のキーワードを穴埋めします。

5 文章を整える

穴埋めしたキーワードをつなげて１つの文章にします。 文章の整え方は P46 を参考にしてください。

運勢占いについてより理解を深める

各天体、各ハウスの後に、運勢占いについての「理解を深めるためのページ」を用意しています。ここはテンプレに記入する必要はありません。

使い方

- 天体が、ハウスやサインとセットになったとき、どのような特徴が出るのか理解を深めるために読みましょう。理解が深まると、5 で文章を整えやすくなります。
- 穴埋めに慣れてきた人は、「理解を深めるためのページ」に出てくる言葉を抜き出し、キーワードとして使ってみましょう。または、抜き出した言葉を自分なりの表現に変えても OK。鑑定の表現の幅が広がります。
- 自分のホロスコープと照らし合わせ、読み物として楽しむこともできます。

全ての読者編

読むページ

第3部 太陽星座で読む未来の切り開き方と月星座で読む過去の癒やし方（P150～177）

こんな人におすすめ

- ☑ 太陽星座を使って未来を切り開きたい人
- ☑ 月星座を使って過去を癒やしたい人
- ☑ 占いを楽しみたい人

1 自分の太陽星座・月星座を調べる

内円のネイタルホロスコープを見て、太陽とセットになっているサインが太陽星座、月とセットになっているサインが月星座です。

2 占いを楽しむ

穴埋め式・鑑定テンプレに書き込む必要はありません。リラックスして占いを楽しみましょう。

中級者編

使うページ　中級者編 ジャンル別に運勢を占う（P34～35）

こんな人におすすめ
- ☑「初級者編 穴埋め式・鑑定テンプレ」が埋められた人
- ☑ジャンル別に運勢占いをしたい人
- ☑約1ヶ月の総合運を占いたい人

やること

1 ホロスコープを出す

ダブルチャートホロスコープを出します（初級者編でおすすめした「メトロポリタン占星術」もしくは、自分のお気に入りのサイトを使いましょう）。

2 サインと天体を書き写す

算出サイトで出た結果をもとに、ダブルチャートホロスコープの**一番外枠にサインを、未来を表すトランジットチャート（ムラサキ色の外円）には水星、金星、太陽、火星を書き写します。**記号に慣れていない人は文字で書いても OK。

天体記号	☿水星 ♀金星 ⊙太陽 ♂火星

3 占いたいジャンルを決める

P34の「占いたいことにマッチするハウス」を見て、**占うジャンルとそれにマッチするハウスを選びます。**恋愛運でも、恋愛を楽しむものなら5ハウスの「彼氏彼女関係の恋愛」を、本気で結婚を考えている相手であれば7ハウス「結婚に繋がるパートナーシップ」を選びます。

※占いたいことにマッチするハウスに天体が入っていない場合は、ハウスとセットになっているサインで鑑定するなど、アレンジして占いを楽しみましょう。または、P29の「1つのサインに滞在する周期」と、P30、P33を参考に占う時期をズラしてみるのもおすすめです。

4 穴埋めをして文章を整える

「中級者編 穴埋め式・鑑定テンプレ」（P35）に**P54～133のマーカー部分のキーワードを穴埋めし、キーワードを繋げて1つの文章にします。**文章の整え方はP47を参考にしてください。

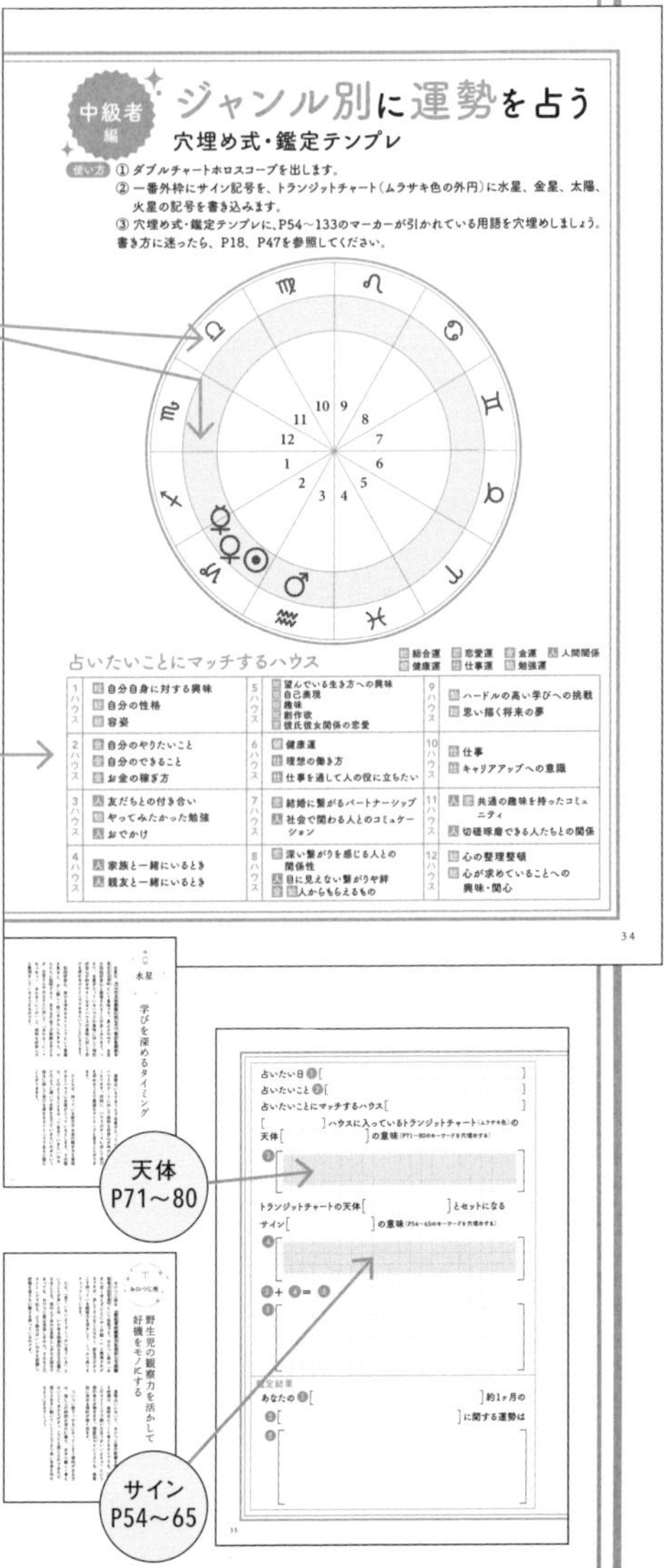

上級者編

使うページ　上級者編 ジャンル別に運勢を占う（P42〜43）

こんな人におすすめ
- ☑「中級者編 穴埋め式・鑑定テンプレ」が埋められた人
- ☑ プロの占星術師をめざしている人
- ☑ スペシャルな日の総合運を占いたい人

やること

1 ホロスコープを出す

ダブルチャートホロスコープを出します（初級者編でおすすめした「メトロポリタン占星術」もしくは、アプリ「Astro Gold」など、自分のお気に入りのサイトを使いましょう）。

2 サインと天体を書き写す

算出サイトで出た結果をもとに、ダブルチャートホロスコープの**一番外枠にサインを、未来を表すトランジットチャート（ムラサキ色の外円）と、自分の生まれたときを表すネイタルホロスコープ内円には天体を書き写します。**

天体記号　☽月　☿水星　♀金星　☉太陽　♂火星
♃木星　♄土星　♅天王星　♆海王星　♇冥王星

3 アスペクト表を書き写す

0度	コンジャンクション
60度	セクスタイル
90度	スクエア
120度	トライン
180度	オポジション

算出サイトの結果をP42の「アスペクト表」に書き写します。

4 穴埋めをして文章を整える

ネイタルホロスコープ（内円）に天体が入っているハウスを見つけ、それをもとに「上級者編 穴埋め式・鑑定テンプレ」（P43）にP54〜147のマーカー部分のキーワードを穴埋めします。文章の整え方はP48〜49を参考にしてください。**1つのハウスに複数の天体が入っている場合は、天体ごとにテンプレを作成します**（P41参照）。

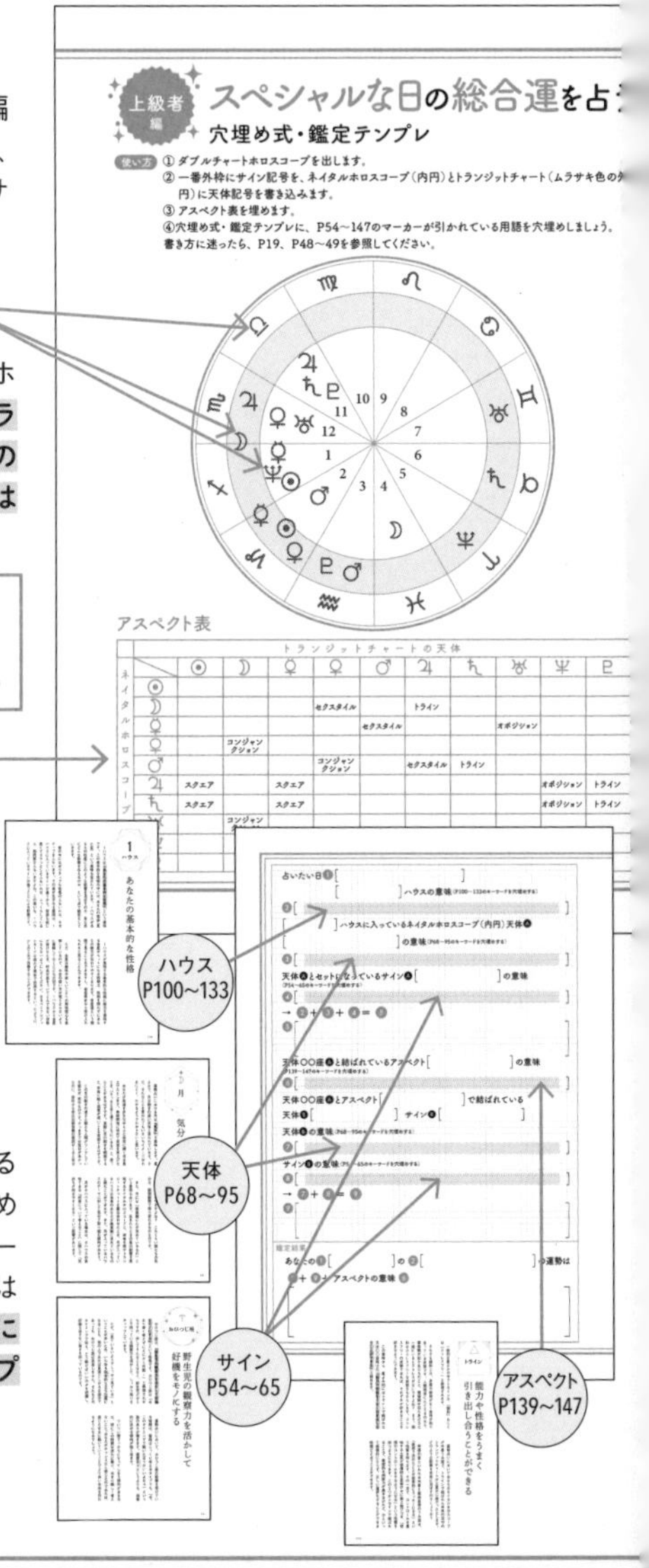

初級者編
月とハウスだけでかんたんに日運鑑定
moon!!
ここからは実際に運勢占いのやり方を説明していきますよ
楽しみ〜
たったら〜♪
まずは初級者編
未来の特定の日の運勢を、ホロスコープの月の位置から占う方法だよ
どうして月を使うの？
?
1 2 3 4 5 6 7 8 9 10 11 12
moon!!
月はとても動きが速い天体だって知ってる？
なんとなく

ぐるっと一周
約30日周期
1つのサインに約2・5日滞在しながら回っているって聞いたことがあるよ
いて
やぎ
みずがめ
うお
おひつじ
おうし
ふたご
かに
しし
おとめ
てんびん
さそり
2.5日
なるほどー！
そう。この月の動きの速さが、移り変わりやすい人の気分とリンクしているからなんだ
もちろん、月以外の天体で運勢を占うこともできるよ。でもそれは、P28からの中級者編でお教えします
ワクワクする～

初級者編

日運を占う

初級者編では、**月とハウスを使った日運（その日の全体的な運勢）の鑑定方法**を解説します。

月はとにかく動きの速い天体で、約2日半で次のサインへ移動します。もし、現在の月がおひつじ座とセットになっているとしたら、2日半後には隣のおうし座へと移動しているというわけです。

この移動の速さが月が日運として扱われる理由です。具体例とともに説明していきましょう。

「なんだか気分が沈んで年甲斐《としがい》もなくいじけた態度を取った結果、踏んだり蹴ったりな1日になってしまった」という経験はありませんか？

僕はあります。数人での食事中のこと、友人Aの些細《ささい》な一言にイラッとしてしまい、感情に任せてライオンが「ガルルルル」と牙を剝くような対応をしてしまったのです。目前の友人Aは実につまらなそうな顔をし、友人Bからは「お前、そういう言い方は良くないぞ」と逆に僕が注意される始末。踏んだり蹴ったりの状況を作り出してしまいました。

この例をもとに月が日運として扱われる理由につなげると、「気分のままにキレたりすると、1日が台なしになっちゃうよ。だから、トランジットチャートの月があなたに与える気分の変化を良い形で使っていきましょうね」ということです。

さて、鑑定方法に話を戻します。初級編では**月がどのハウスに入っているかを調べ、そのハウスのテーマが今日のあなたの気分だと占うことができる**わけです。

運勢占いをするときはまずはダブルチャートを出します。が、「内側の円にも外側の円にも月があるぞ?」といったことなど、数多くの疑問が生まれる可能性があります。そのため、まずは月とハウスだけで、サクッとかんたんに鑑定してみましょう。初級者編の穴埋め式・鑑定テンプレは、この方法で運勢を占うように作られています。

何も考えずにできる毎日の歯磨きのように、月とハウスだけでスムーズに鑑定できるようになったら、さらなるステップとしてサインを加えた方法で日運を鑑定してみるといいでしょう。その場合は、未来を表すトランジットチャート（外円）の月と一緒になっているサインの性格を見ていきます。もし、トランジットチャートが10ハウス月いて座だったなら、「今日の仕事を成功させるには、未来思考になる月いて座さんの気分が必要」ということになります。

初級者編
日運の占い方を解説
早速、初級編にチャレンジしてみましょう!
まずは、P8～9を見ながらダブルチャートホロスコープを出せばいいのよね?
P8～9
設定した未来
2030年1月1日
わーい、出た!
そうしたら、P26にある空白のホロスコープの一番外枠の中に、同じようにサインを書き込んで
次に、未来を表すトランジットチャート(サインが入った外枠に隣接するスペース)のどこに月があるか探して、同じように書き込むよ
これでいいのかな?
Good!
P26

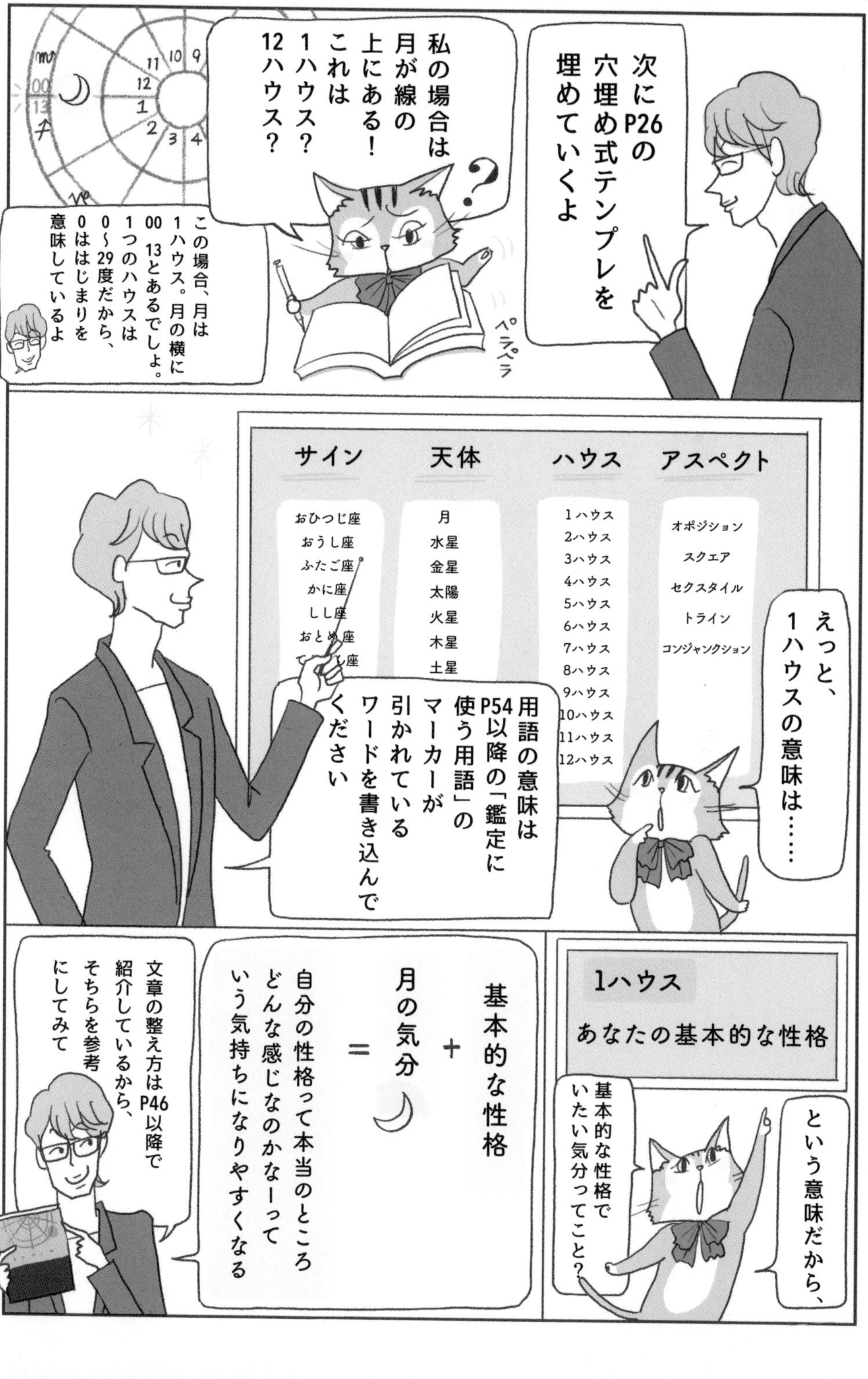
次にP26の穴埋め式テンプレを埋めていくよ
私の場合は月が線の上にある！これは1ハウス？12ハウス？
ペラペラ
この場合、月は1ハウス。月の横に00 13とあるでしょ。1つのハウスは0～29度だから、0ははじまりを意味しているよ
えっと、1ハウスの意味は……
サイン 天体 ハウス アスペクト
おひつじ座 おうし座 ふたご座 かに座 しし座 おとめ座
月 水星 金星 太陽 火星 木星 土星
1ハウス 2ハウス 3ハウス 4ハウス 5ハウス 6ハウス 7ハウス 8ハウス 9ハウス 10ハウス 11ハウス 12ハウス
オポジション スクエア セクスタイル トライン コンジャンクション
用語の意味はP54以降の「鑑定に使う用語」のマーカーが引かれているワードを書き込んでください
1ハウス
あなたの基本的な性格
という意味だから、
基本的な性格でいたい気分ってこと？
基本的な性格 ＋ 月の気分 ＝ 自分の性格って本当のところどんな感じなのかなーっていう気持ちになりやすくなる
文章の整え方はP46以降で紹介しているから、そちらを参考にしてみて

初級者
編

日運を占う 穴埋め式・鑑定テンプレ

使い方 ダブルチャートホロスコープを出し、一番外枠にサインを、トランジットチャート（ムラサキ色の外円）に月を書き込みます。穴埋め式・鑑定テンプレの❶のハウスの意味に、P100〜133のマーカーが引かれている言葉を穴埋めしましょう。書き方に迷ったら、P16、P46を参照してください。

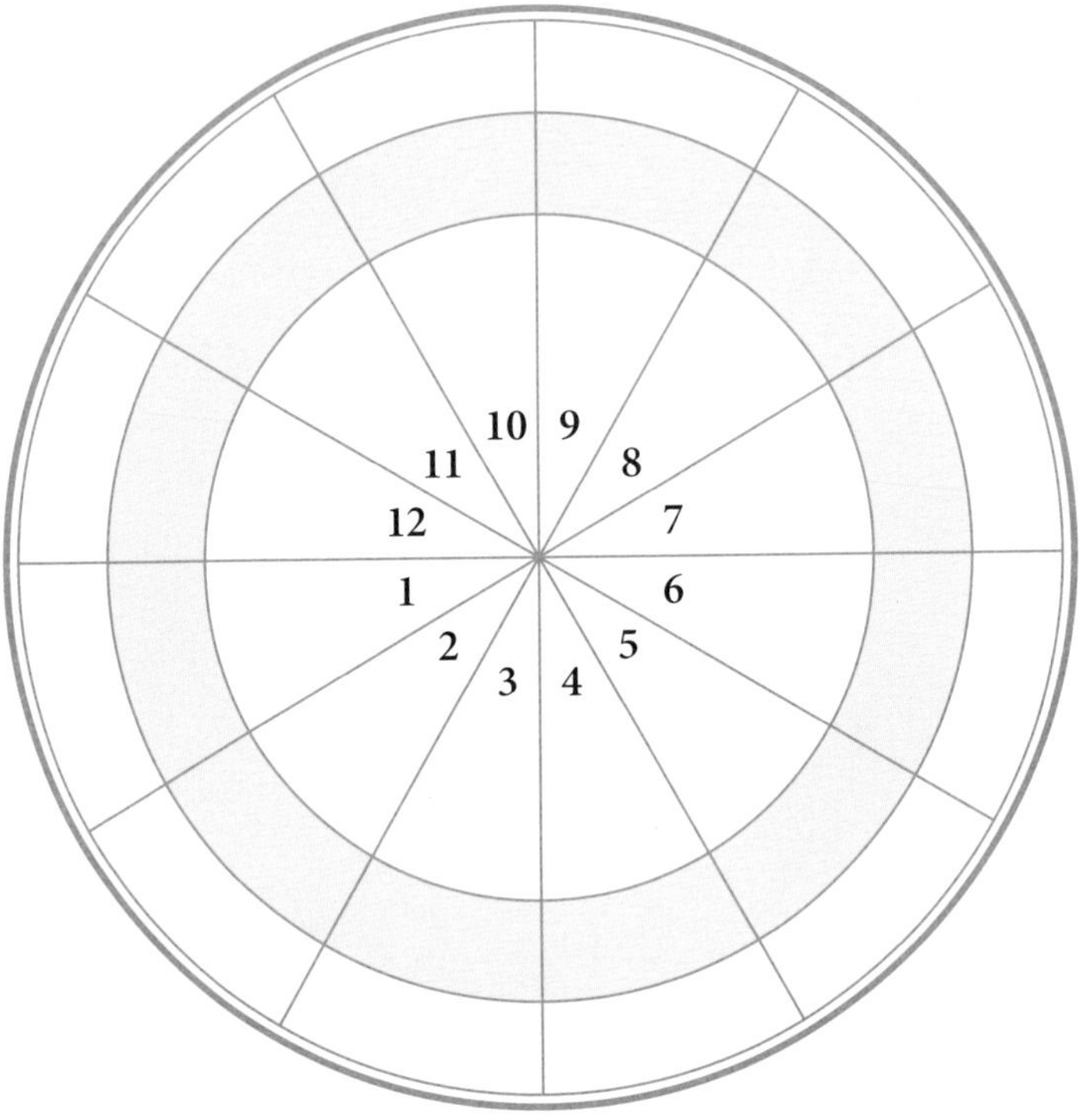

トランジットチャートに**月**が入っているのは［　　　　］ハウス

［　　　　］ハウスの意味

❶［　　　　　　　　　　　　　　　　　　　　　　　　］

❷ **月**の意味：気分

＝（❶と❷をつなげて文章にする）

［　　　　　　　　　　　　　　　　　　　　　　　　］

ソーラーサイン ハウスシステム とは?
運勢占いで使うシステムについて、お伝えしたいことがあります
え、なになに!?
個人鑑定にはプラシーダスというシステムを使うのですが、
運勢占いではソーラーサイン ハウスシステム SSHS を用います
説明
ソーラーサイン ハウスシステム SSHS とは、太陽星座をASC(アセンダント)とし、各ハウスを30度に分割して鑑定する方法。ASCには第一印象という意味もあります
ちなみにASCについてはP148で解説しているよ
そうすると、太陽星座が入るハウスが大きく変わってしまい、違和感を覚える人もいるのです
ココさんのホロスコープです
どちらも設定した未来 は2030年1月1日
プラシーダス
SSHS
全然違うよね
天体やサインが入っているハウスの位置が違う!
そうなのです。運勢占いをする場合は SSHS を使う場合が多いのですが、納得できない方もいらっしゃるようで
有名な占星術師さんも SSHS のほうが運勢は当たると言っていますし、何よりも簡単に読めちゃうのです
深く考えずに SSHS を使えば間違いないのね
そう。基本的に鑑定方法はSSHSでOK。より深く鑑定してみたい人は、プラシーダスとSSHSの両方でやってみるのもいいよ

中級者編
ハウス、天体、
サインを使うジャンル別
鑑定に挑戦
中級者編
初級者編の鑑定に慣れてきたら、
中級者編にチャレンジしましょう！
ハウス、天体、
サインを使って
ジャンル別に
運勢占いをする方法を
お教えします
初級者編より複雑で
難しそう……
基本的な鑑定の仕方は
初級者編と変わらないよ
天体10個
使うのは
コレだけ!!
天体は10個あるけれど、
中級者編では水星、金星、
太陽、火星の4個しか
使わないし
それなら
できる
かも！

初心者編ができたら中級者編もサクサクできるから安心して
でも、どうして天体を4つしか使わないの?
右の5個の天体は動くスピードが遅いからなんだ
1つのサインに滞在する周期
3週間
2日半
1ヶ月
1ヶ月
1ヶ月半
12〜32年!!!
14年!!
7年!
2年半
1年
月 約2日半滞在
水星 約3週間滞在
金星 約1ヶ月滞在
太陽 約1ヶ月滞在
火星 約1ヶ月半滞在
木星 約1年滞在
土星 約2年半滞在
天王星 約7年滞在
海王星 約14年滞在
冥王星 約12〜32年滞在
それぞれの天体は12星座を回っているけれど、スピードが遅いと月単位で見ても変化がない。今すぐに運気を上げたいのに、1年、2年変わらない天体の動きを見ても、あまり意味がなくない?
数年も変化がないのなら、確かに見る必要はないかも
納得!

中級者編

ジャンル別に運勢を占う

中級者編では、**サイン、天体、ハウスを使って月間の運勢を、総合運、仕事運、金運、恋愛運、健康運、勉強運、人間関係運のジャンル別に鑑定をします。**

天体やサインが入るため見るポイントが3つに増え、初級者編と比べると最初は混乱する人もいるでしょう。選択肢が3つもあると、「サインから見たらいいの？　それとも天体？　ハウス？」と、迷ってしまうからです。

そんなときでも心配することはありません。ポイントさえ押さえればかんたんに鑑定できます。では、その「ポイント」とは何か？

ポイント1つ目は、天体の動く速さを把握することです。水星は約3週間、金星と太陽は約1ヶ月、火星は約1ヶ月半かけて1つのサインを移動します（詳しくはP28～29参照）。

好きな人に思いを伝えるのに適している時期を知りたい場合、恋愛という意味を持つ5ハウスと、性的魅力を意味する金星が結びつく「5ハウス金星」を探していきます。もし、トランジットチャートの3ハウスの始まりの位置に金星が入っているのなら、金星は約1ヶ月をかけて移動するため、「約2ヶ月後には5ハウスに移動する」と見立てられます。「約2ヶ月後に恋愛運が好調な時期が訪れ、好きな人に思いを伝えるのに適しているタイミング」と鑑定できるのです。

ポイント2つ目はハウスの意味から鑑定することです。

3ハウスは友人関係、10ハウスは仕事というように、ハウスにはそれぞれ意味があります（詳しくはP34参照）。「何を知りたいのか」「何を解決したいのか」という、自分の悩みに合うハウスを見ていけば、詳細な鑑定ができるというわけです。

仕事を意味する10ハウスにおいて、あなたがどうなるのかというと、「トランジットチャートに入っている天体の影響を受けているときに天体と一緒になっているサインの性格を使う」ということになります。

これだけだと何を言っているのかわからないかもしれませんが、やっていくうちに慣れていくので安心してください。まずは中級者編のテンプレへ穴埋めをしてみましょう。文章を整えていくうちに、悩みの答えが見つかるはずです。

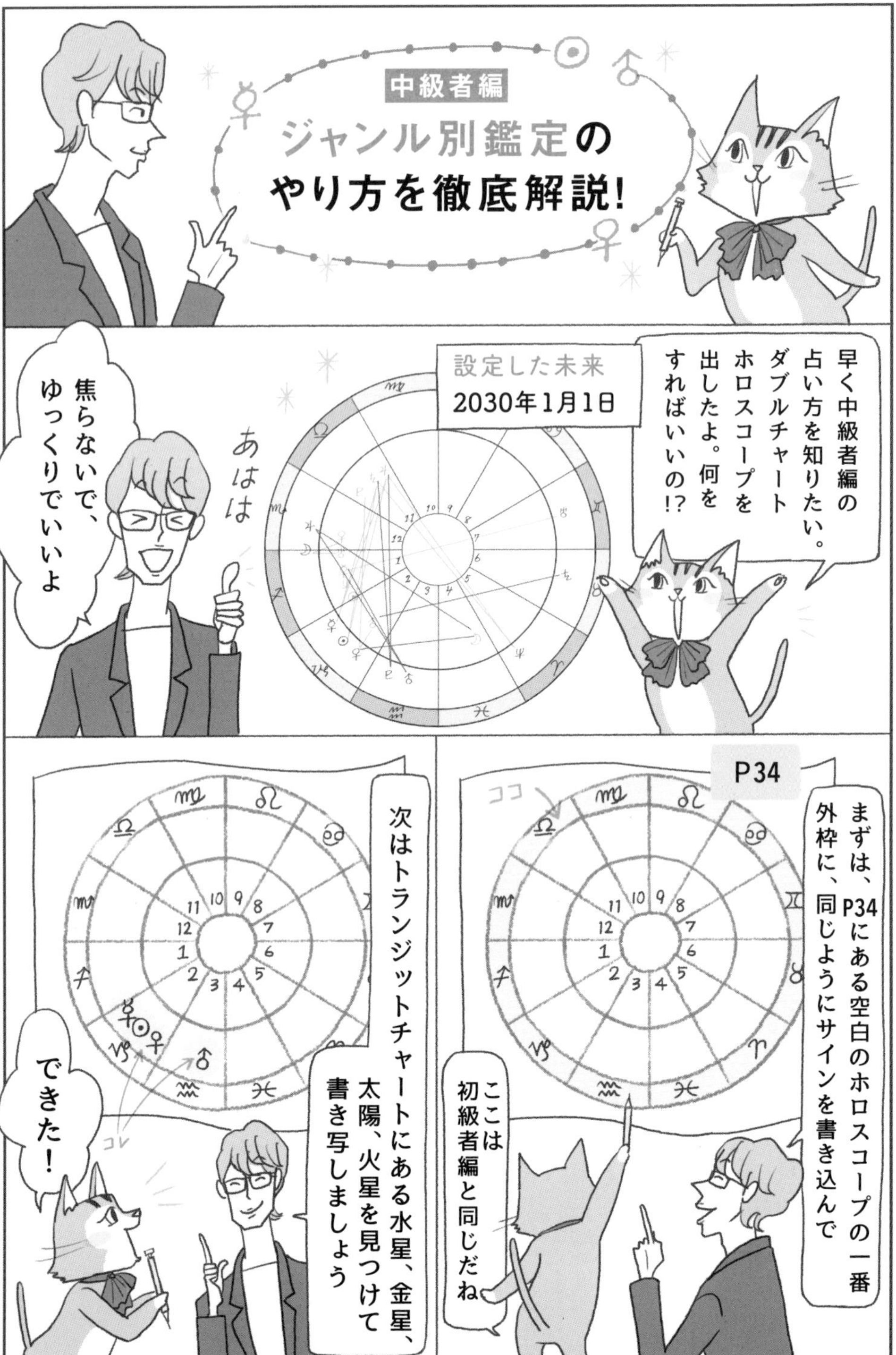

中級者編
ジャンル別鑑定のやり方を徹底解説!
早く中級者編の占い方を知りたい。ダブルチャートホロスコープを出したよ。何をすればいいの!?
設定した未来
2030年1月1日
あはは
焦らないで、ゆっくりでいいよ
P34
まずは、P34にある空白のホロスコープの一番外枠に、同じようにサインを書き込んで
ココ
ここは初級者編と同じだね
次はトランジットチャートにある水星、金星、太陽、火星を見つけて書き写しましょう
コレ
できた!

あとは、P34の「占いたいことにマッチするハウス」をチェック
穴埋め式・鑑定テンプレに用語を記入するだけ
P54〜133
初級者編と同じように、P54からの「鑑定に使う用語」のマーカーが引かれたキーワードを穴埋めすればいいんだね
ふむふむ
ということは、金運なら
「あなたの能力を活かしてお金を稼ぐ」という意味のある2ハウスってことかな
お金ほしい…
相続や人からもらう
自分で稼ぐ
金運でも自分で稼ぐなら2ハウス、相続や人からもらえるお金なら8ハウスになるよ
うんうん
恋愛運なら5ハウスだけど、天体が何も入ってない！
?
その時期は恋愛運に動きがないってこと。5ハウスに金星♀が入っていると恋愛運がアップするから、そのタイミングを見つけて
1ヶ月
1ヶ月
1ヶ月
金星は約1ヶ月でサインを移動するから、2〜3ヶ月後の日付を設定するといいよ

中級者編

ジャンル別に運勢を占う

穴埋め式・鑑定テンプレ

使い方 ① ダブルチャートホロスコープを出します。
② 一番外枠にサイン記号を、トランジットチャート(ムラサキ色の外円)に水星、金星、太陽、火星の記号を書き込みます。
③ 穴埋め式・鑑定テンプレに、P54~133のマーカーが引かれている用語を穴埋めしましょう。書き方に迷ったら、P18、P47を参照してください。

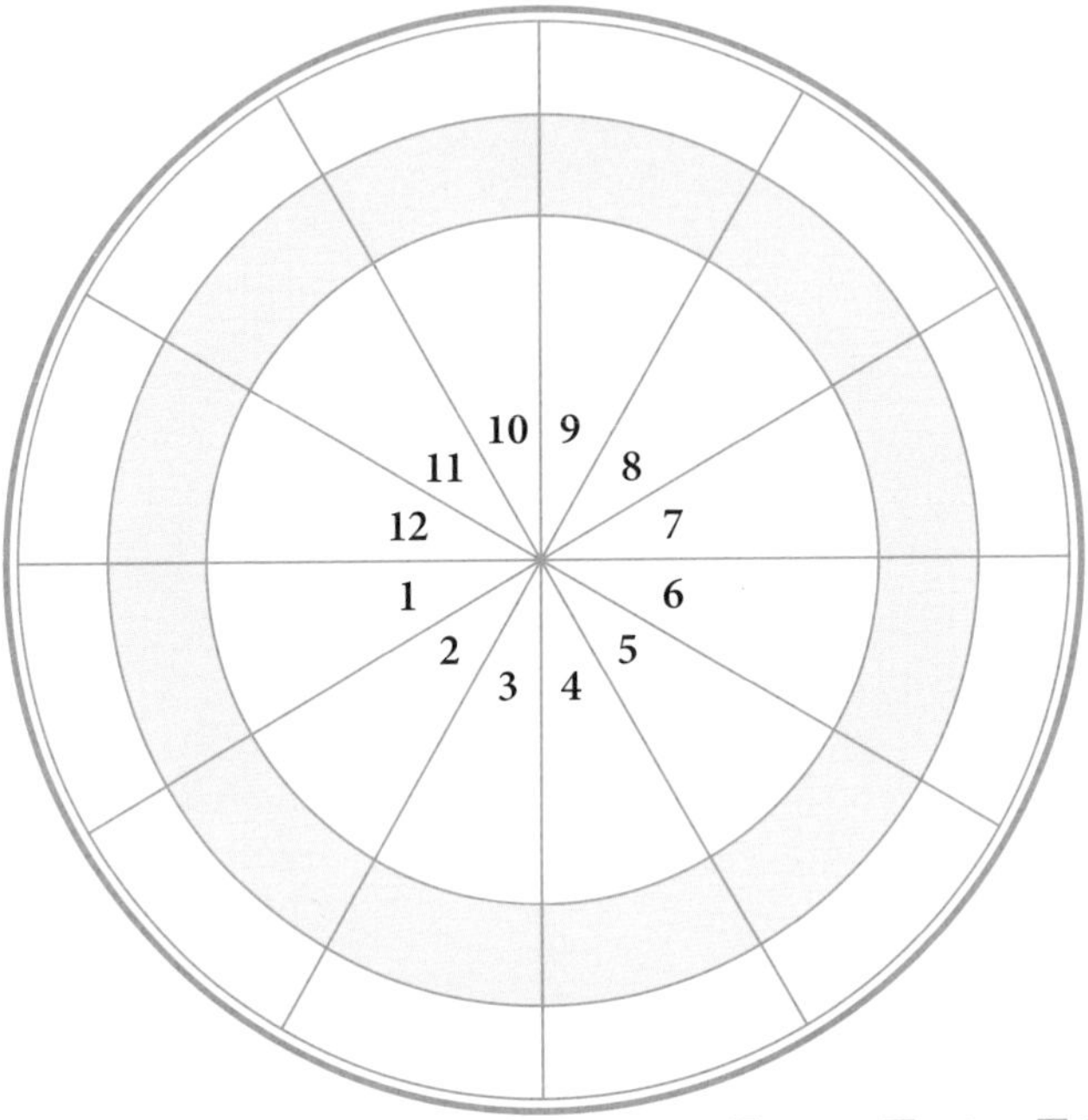

占いたいことにマッチするハウス

総 総合運　恋 恋愛運　金 金運　人 人間関係
健 健康運　仕 仕事運　勉 勉強運

1ハウス	総 自分自身に対する興味 総 自分の性格 総 容姿	5ハウス	総 望んでいる生き方への興味 総 自己表現 総 趣味 総 創作欲 恋 彼氏彼女関係の恋愛	9ハウス	勉 ハードルの高い学びへの挑戦 総 思い描く将来の夢
2ハウス	金 自分のやりたいこと 金 自分のできること 金 お金の稼ぎ方	6ハウス	健 健康運 仕 理想の働き方 仕 仕事を通して人の役に立ちたい	10ハウス	仕 仕事 仕 キャリアアップへの意識
3ハウス	人 友だちとの付き合い 勉 やってみたかった勉強 人 おでかけ	7ハウス	恋 結婚に繋がるパートナーシップ 人 社会で関わる人とのコミュケーション	11ハウス	人 恋 共通の趣味を持ったコミュニティ 人 切磋琢磨できる人たちとの関係
4ハウス	人 家族と一緒にいるとき 人 親友と一緒にいるとき	8ハウス	恋 深い繋がりを感じる人との関係性 人 目に見えない繋がりや絆 金 総 人からもらえるもの	12ハウス	総 心の整理整頓 総 心が求めていることへの興味・関心

占いたい日❶[　　　　　　　　　　　　　　　　　　　]
占いたいこと❷[　　　　　　　　　　　　　　　　　　]
占いたいことにマッチするハウス[　　　　　　　　　　]
[　　　　　　]ハウスに入っているトランジットチャート（ムラサキ色）の
天体[　　　　　　　　]の意味（P71〜80のキーワードを穴埋めする）

❸[　　　　　　　　　　　　　　　　　　　　　　　　]

トランジットチャートの天体[　　　　　　　　]とセットになる
サイン[　　　　　　　　]の意味（P54〜65のキーワードを穴埋めする）

❹[　　　　　　　　　　　　　　　　　　　　　　　　]

❸＋❹＝❺

❺[　　　　　　　　　　　　　　　　　　　　　　　　]

鑑定結果

あなたの❶[　　　　　　　　　　　　　　　　]約1ヶ月の
❷[　　　　　　　　　　　　　　　　]に関する運勢は
❺[　　　　　　　　　　　　　　　　　　　　　　　　]

上級者編
特別な予定がある日の総合運をアスペクトも使って占う
キラン
キラン
いよいよ上級者編だね！
ワクワク
上級者編では、中級者編では使わなかった天体とアスペクトも使っていくよ
アスペクトって難しいんだよね
どーーん
急に意気消沈…
キラーーン
コツさえ覚えれば大丈夫！
それに、初級者編、中級者編をクリアしているのなら、運勢占いの7割は理解しているってこと。残りの3割を覚えれば、上級者編もすぐに鑑定できるようになりますよ
初級者編
合格
中級者編
合格
7割
上級者編
3割
ホント？
早速アスペクトの説明をするね。アスペクトには「天体○○座と天体○○座を結ぶ」というお約束があります
天体○○座
天体○○座
どういうこと？

ネイタルホロスコープの2ハウスに火星があって、やぎ座とセットになっているよね
この火星やぎ座とトランジットチャートの6ハウスにある土星おうし座が線で結ばれている。これがアスペクト
本当だ！
天体〇〇座と天体〇〇座を結んでる
ネイタルホロスコープの天体〇〇座に対し、トランジットチャートの天体〇〇座がアスペクトの意味の影響を与えるってことなんだ
でも、ホロスコープからではアスペクトの種類がわからない
ホロスコープ
ワクザツ！
なでなで
どーん
再び消沈
そんなときはアスペクト表を見れば大丈夫！
アスペクト表

上級者編

スペシャルな日の総合運を占う

いよいよ上級者編です。就職試験がある日、入学試験の日、ずっと想いを寄せてきた人と初めて2人きりで出かける日など、**スペシャルな日の総合運をハウス、天体、サイン、アスペクトを使って占っていきます。**

初級者編、中級者編の知識に加え、星よみを学ぶうえで最後の障壁となるアスペクトが登場します。アスペクトに対して苦手意識を感じている人もいるかもしれません。確かに見るべき要素が増えるため、最初は複雑に感じることもあるでしょう。でも、仕組みさえ押さえられればアスペクトもすぐに理解できるようになるので、安心して取り組んでください。

まず大前提として覚えてほしいのは、これまで学んできた「ネイタルホロスコープの天体〇〇座とトランジットチャートの天体〇〇座の性質を足すと鑑定結果になる」ことは変わらないということ。ただ、上級者編にはそこにアスペクトが加わります。2つの天体〇〇座が特定のアスペクトで結ばれていたら、「ネイタルホロスコープの天体〇〇座にどのような変化が起こるのか」という視点を持って鑑定を深く掘り下げていくことが上級者編では求められます。

ではアスペクトとはなんなのか。星よみ用語で表現するならば、**アスペクトとは「結びつき合う天体間に変化を与えるもの」**です。これを日常生活に置き換えて解説していきましょう。

たとえば、好きな人と一緒にいるときはほとんど気をつかわずに普段どおりのあなたでいられるけれど、苦手意識を持っている人と一緒だとストレスを感じてしまうことはありませんか。あなたも一緒にいる人たちも、一人のときであれば性格や態度は変わらないけれど、他の人と一緒にすごすことになった途端に変化が生まれるわけです。これがアスペクトによる影響です。

つまり、ネイタルホロスコープの天体〇〇座とトランジットチャートの天体〇〇座の性質は変わらないけれど、その2つがどのようなアスペクトで結ばれるのかによって、良いほうにも、悪いほうにも、それぞれに変化が与えられるのです。

「来月の〇日は就職の面接だ。ちゃんと話せるかな……。失礼のないように受け答えできるかな」と不安になって星よみをした場合。あなたのネイタルホロスコープが水星〇〇座だったとして、トランジットチャートには社交的に振る舞うのが得意な金星〇〇座が入り、何らかのアスペクトで結ばれていたとしましょう。すると当日、社交的なあなたを見た面接官は「この人は感じがいいな。採用の方向で考えてみよう」と、好印象を抱く可能性が出てきます。また、ネイタルホロスコープの水星〇〇座に対して、いずれかのアスペクトでしっかり者の天体・土星〇〇座が結ばれていたら、面接官と落ち着いて話せるようになるので無事に採用される可能性が高くなるでしょう。

上級者編では**スペシャルな日の総合運を占いますが、その運勢は約1ヶ月間続く**ため、面接前後にどのような準備をし、計画を立てればいいのかも知ることができます。あらかじめスペシャルな日の状態が明らかになるので、安心して当日を迎えることができるようになります。

上級者編
アスペクトを使った鑑定のやり方をわかりやすく解説
設定した未来
2030年1月1日
上級者編でも、占いたい未来の日付を入れてダブルホロスコープを出すところは変わらないよね
そう。ただ、上級者編ではアスペクトも使うので、穴埋め式・鑑定テンプレにあるアスペクト表にも書き込みをしてね
アスペクト表
うんうん
じゃあ次
ネイタルホロスコープに天体が入っているハウスを見つけて
内円ね

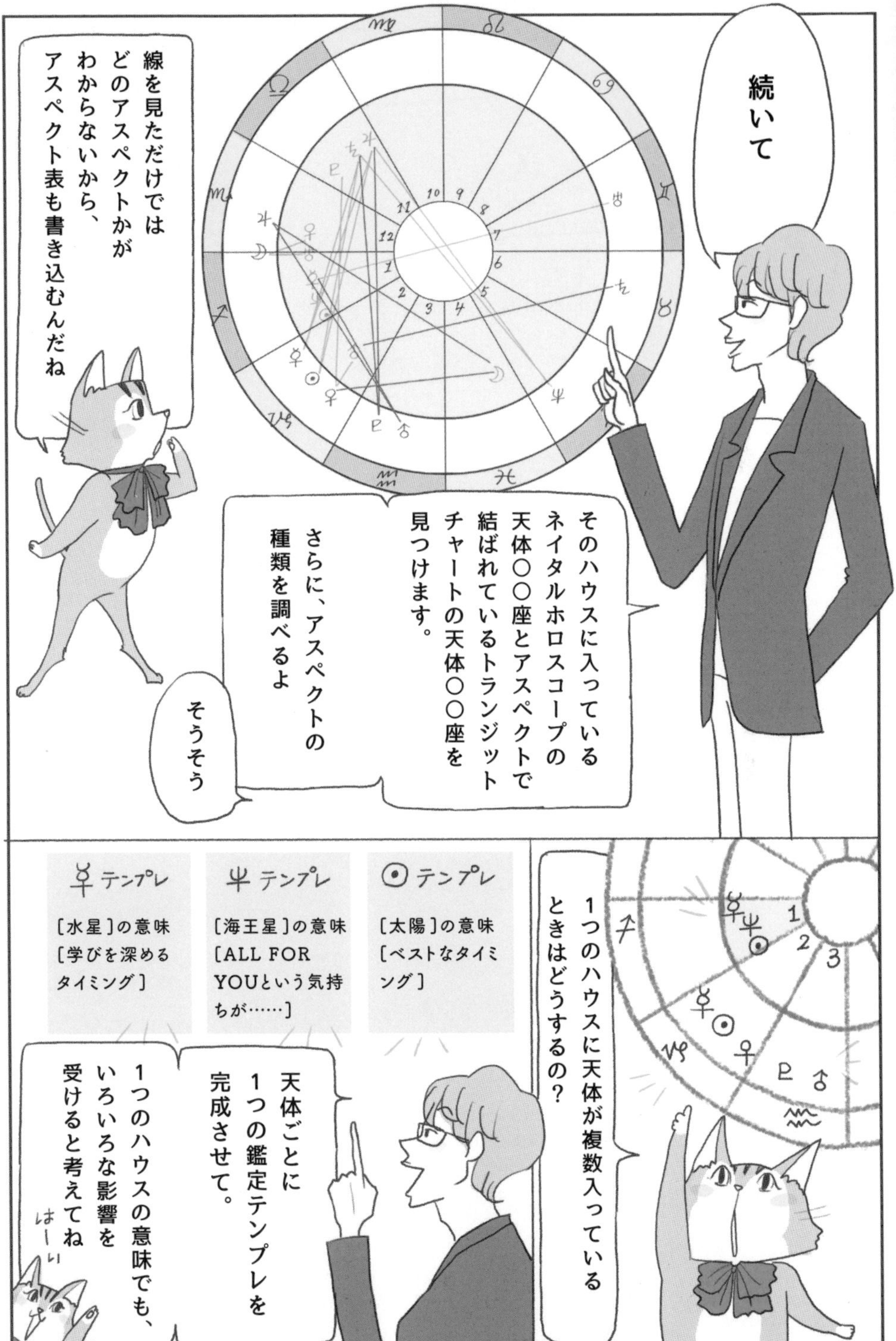
続いて
そのハウスに入っているネイタルホロスコープの天体○○座とアスペクトで結ばれているトランジットチャートの天体○○座を見つけます。
さらに、アスペクトの種類を調べるよ
線を見ただけではどのアスペクトかがわからないから、アスペクト表も書き込むんだね
そうそう
1つのハウスに天体が複数入っているときはどうするの?
☉テンプレ
〔太陽〕の意味
〔ベストなタイミング〕
♆テンプレ
〔海王星〕の意味
〔ALL FOR YOUという気持ちが……〕
☿テンプレ
〔水星〕の意味
〔学びを深めるタイミング〕
天体ごとに1つの鑑定テンプレを完成させて。
1つのハウスの意味でも、いろいろな影響を受けると考えてね
はーい

上級者編 スペシャルな日の総合運を占う

穴埋め式・鑑定テンプレ

使い方 ① ダブルチャートホロスコープを出します。
② 一番外枠にサイン記号を、ネイタルホロスコープ（内円）とトランジットチャート（ムラサキ色の外円）に天体記号を書き込みます。
③ アスペクト表を埋めます。
④穴埋め式・鑑定テンプレに、P54～147のマーカーが引かれている用語を穴埋めしましょう。
書き方に迷ったら、P19、P48～49を参照してください。

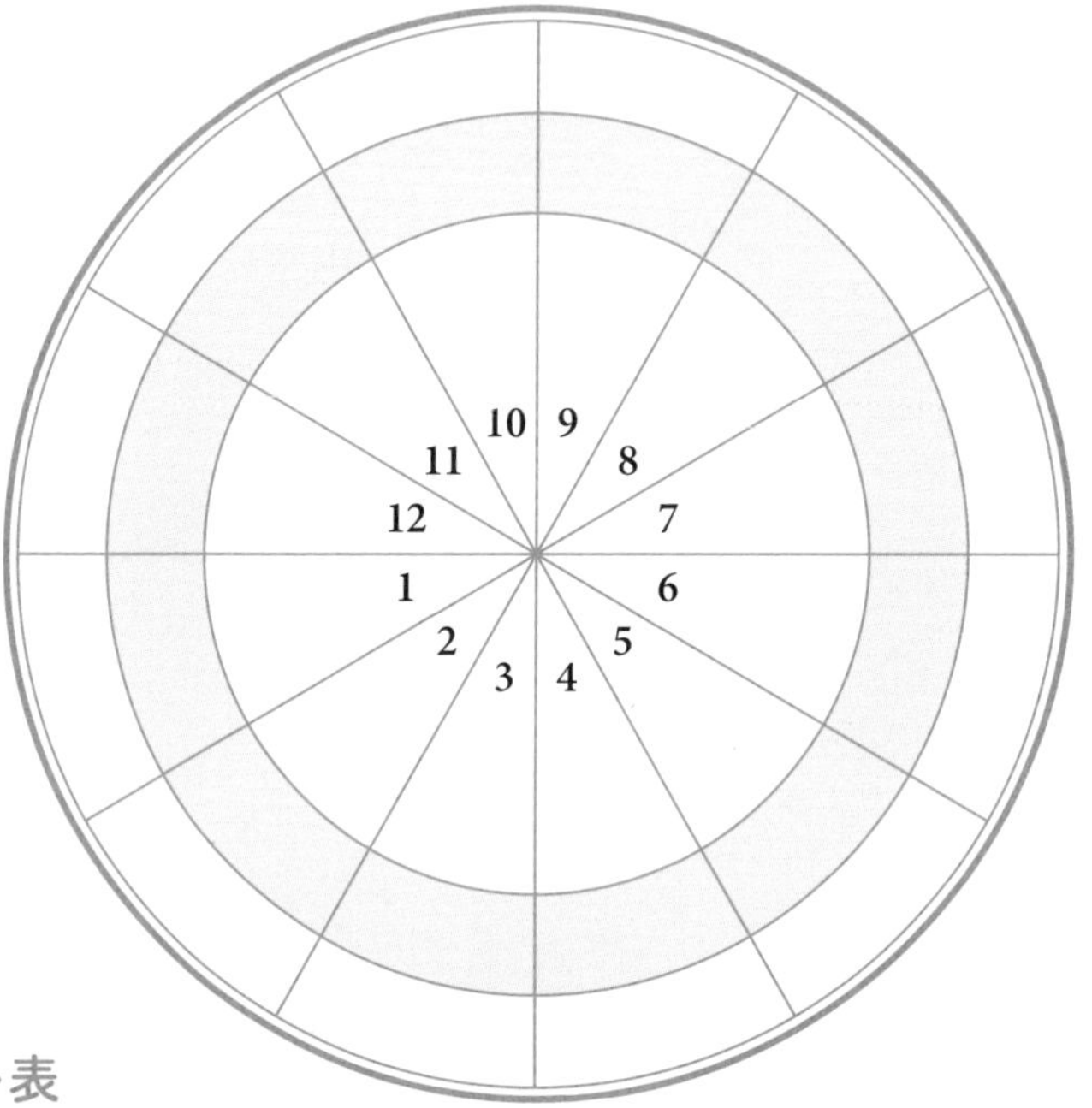

アスペクト表

ネイタルホロスコープの天体 ＼ トランジットチャートの天体	☉	☽	☿	♀	♂	♃	♄	♅	♆	♇
☉										
☽										
☿										
♀										
♂										
♃										
♄										
♅										
♆										
♇										

占いたい日❶[　　　　　　　　]

[　　　　　　]ハウスの意味（P100～133のキーワードを穴埋めする）

❷[　　　　　　　　　　　　　　　　　　]

[　　　　　]ハウスに入っているネイタルホロスコープ（内円）天体Ⓐ

[　　　　　　　　]の意味（P68～95のキーワードを穴埋めする）

❸[　　　　　　　　　　　　　　　　　　]

天体ⒶとセットになっているサインⒶ[　　　　　　　]の意味
（P54～65のキーワードを穴埋めする）

❹[　　　　　　　　　　　　　　　　　　]

→ ❷＋❸＋❹＝❺

❺[　　　　　　　　　　　　　　　　　　]

天体○○座Ⓐと結ばれているアスペクト[　　　　　　　]の意味
（P139～147のキーワードを穴埋めする）

❻[　　　　　　　　　　　　　　　　　　]

天体○○座Ⓐとアスペクト[　　　　　　　]で結ばれている

天体Ⓑ[　　　　　　]　サインⒷ[　　　　　　]

天体Ⓑの意味（P68～95のキーワードを穴埋めする）

❼[　　　　　　　　　　　　　　　　　　]

サインⒷの意味（P54～65のキーワードを穴埋めする）

❽[　　　　　　　　　　　　　　　　　　]

→ ❼＋❽＝❾

❾[　　　　　　　　　　　　　　　　　　]

鑑定結果

あなたの❶[　　　　　　]の❷[　　　　　　　　　　]の運勢は

❺＋❾＋アスペクトの意味❻

[　　　　　　　　　　　　　　　　　　]

文章の整え方
ふむふむ…
2ハウス 太陽いて座と、月ふたご座で……
2ハウス 太陽いて座
180° オポジション
＝葛藤!!
月ふたご座
あなた能力を活かしてお金を稼ぐには、未来を実現するためには、〝今〟を生きることがベストなタイミングでしょう
疑問点は速攻でググって解決する気分でしょう。葛藤
意味がわかるようでわからない!!

ドョーーン
なでなで
そんなに焦らないで
うまく整えられるようになるから
たとえば
接続詞を入れてみたり、〝〇〇することになるでしょう〟といった言葉をプラスしてみたり。
普段使っている言葉で言い換えて表現するとわかりやすくなるよ
本当に？
友だちから文章がおかしいＬＩＮＥが届くことってあるでしょ？
LINE
?!
そんなとき、どうしている？
前後の内容から推測するかな
鑑定の整え方も同じ。前後の内容から推測して文章を整えればＯＫだよ
なるほど!!

鑑定文の整え方

ココさんのホロスコープを例にとって、初級者編、中級者編、上級者編の穴埋め式・鑑定テンプレの記入の仕方と文章の整え方を見てみましょう。

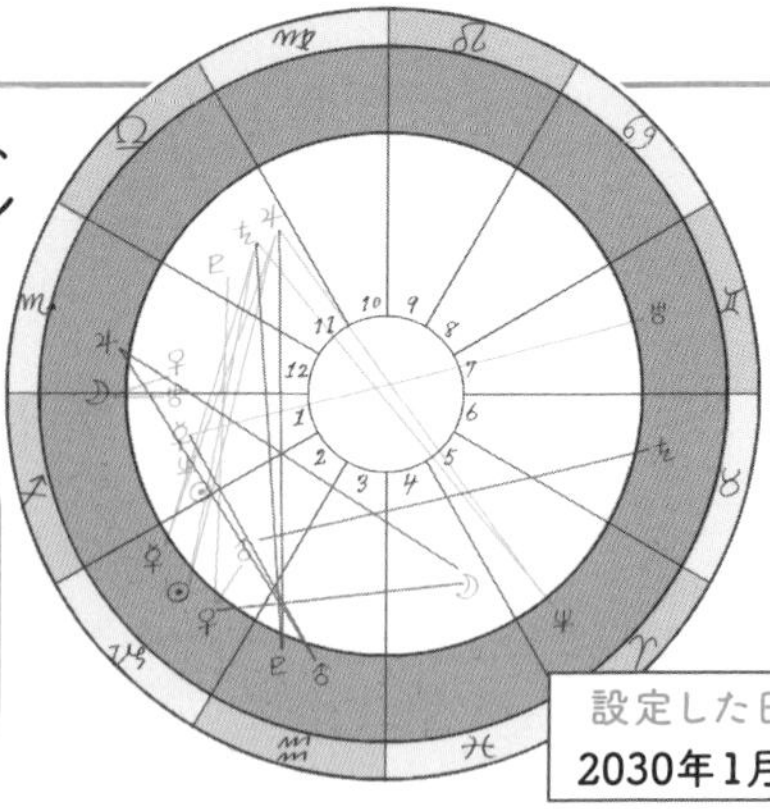

設定した日付
2030年1月1日

初級者編

トランジットチャートに月が入っているハウスを穴埋めする

ハウスの意味を穴埋めする（ココさんの場合はP100のマーカー部分）

トランジットチャートに**月**が入っているのは［ 1 ］ハウス

［ 1 ］ハウスの意味

① ［ あなたの基本的な性格

② **月**の意味：気分

＝（①と②をつなげて文章にする）

［「自分の基本的な性格って本当のところどんな感じなの？」という気分になりやすくなる ］

文章をつなげるときはいつも使っている表現でOK。鑑定者の個性を大いに出す

① あなたの基本的な性格

＋

② 気分

＝ あなたの基本的な性格の気分

↓

あなたの基本的な性格を無意識に求める気分

↓

「自分の基本的な性格って本当のところどんな感じなの？」という気分になりやすくなる

意味がわかりにくいので「気分」を「無意識に求める気分」と解釈する

友だちと喋るときのように普段使いの言葉に変更する

中級者編

占いたい日❶[2030年1月1日]
占いたいこと❷[金運]
占いたいことにマッチするハウス[2ハウス]
[2]ハウスに入っているトランジットチャート(ムラサキ色)の
天体[水星]の意味(P71～80のキーワードを穴埋めする)
❸[学びを深めるタイミング]
トランジットチャートの天体[水星]とセットになる
サイン[やぎ座]の意味(P54～65のキーワードを穴埋めする)
❹[コツコツやることを厭《いと》わない]
❸＋❹＝❺
❺[コツコツやることを厭わず、
学びを深めるタイミング]

鑑定結果
あなたの❶[2030年1月1日]約1ヶ月の
❷[金運]に関する運勢は
❺[2030年1月1日の約1ヶ月間は、コツコツ
やることを厭わず、学びを深めることで
金運がアップするでしょう]

❸ 学びを深めるタイミング
＋
❹ コツコツやることを厭わない
＝ 学びを深めるタイミングだから、コツコツやることを厭わない
↓
コツコツやることを厭わず、学びを深めるタイミング

よりわかりやすい文章にするため言葉の位置を入れ替える

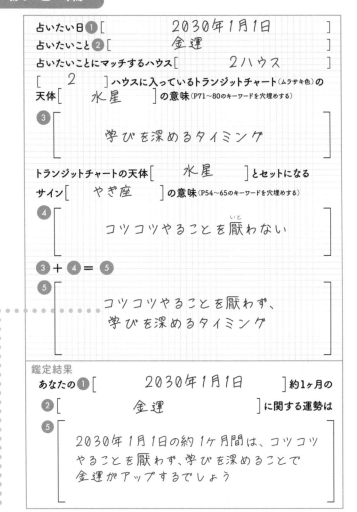

上級者編

設定した日付　2030年1月1日

占いたい日❶［2030年1月1日］

［1］ハウスの意味（P100〜133のキーワードを穴埋めする）

❷［あなたの基本的な性格］

［1］ハウスに入っているネイタルホロスコープ（内円）天体Ⓐ

［水星］の意味（P68〜95のキーワードを穴埋めする）

❸［学びを深めるタイミング］

天体Ⓐとセットになっているサインⓐ［いて座］の意味
（P54〜65のキーワードを穴埋めする）

❹［未来を実現するために"今"を生きる］

→ ❷＋❸＋❹＝❺

❺［「本当の自分はどんな性格なんだろう」と深く考えることが、理想とする未来を実現することに繋がるタイミング］

天体○○座Ⓐと結ばれているアスペクト［オポジション］の意味
（P139〜147のキーワードを穴埋めする）

❻［葛藤はするけれど、どちらかを選ぶことが大事である］

天体○○座Ⓐとアスペクト［オポジション］で結ばれている

天体Ⓑ［天王星］サインⓑ［ふたご座］

天体○○座Ⓐとセットになっているアスペクトを穴埋めする。複数ある場合は1つを選ぶ

天体Ⓑの意味（P68〜95のキーワードを穴埋めする）

❼［アップデートするタイミング］

サインⓑの意味（P54〜65のキーワードを穴埋めする）

❽［疑問点は速攻でググって解決］

→ ❼＋❽＝❾

❾［疑問点は速攻でググって解決し、
アップデートするタイミング］

鑑定結果

あなたの❶［2030年1月1日］の❷［あなたの基本的な性格］の運勢は

❺＋❾＋アスペクトの意味❻

［2030年1月1日のあなたは、理想とする未来を実現するために"今"をどう生きるべきかと深く考えるでしょう。ただ、疑問点があると速攻でググって入ってくる情報と自分の考えの間で葛藤することがあるかもしれません。その場合は、自分でどちらかを選ぶことが大事。そうすれば、アップデートの波に乗ることができるでしょう。］

❷ あなたの基本的な性格
＋
❸ 学びを深めるタイミング
＋
❹ 未来を実現するために“今”を生きる

ネイタルホロスコープに天体が入っているハウスを穴埋めする。１つのハウスに複数の天体がある場合は、天体ごとに１つの鑑定テンプレを作成する（P41参照）

＝ あなたの基本的な性格に対して学びを深めることが未来を実現することに繋がるタイミング

ハウスに入っている天体を探して穴埋めをする。上記のとおり、複数ある場合は１つを選ぶ

↓

「本当の自分はどんな性格なんだろう」と深く考えることが、理想とする未来を実現することに繋がるタイミング

なんとなく意味はわかるけれど、もっとわかりやすくするために自分なりのアレンジを加える

❺ 「本当の自分はどんな性格なんだろう」と深く考えることが、理想とする未来を実現することに繋がるタイミング
＋
❾ 疑問点は速攻でググって解決し、アップデートするタイミング
＋
❻ 葛藤はするけれど、どちらかを選ぶことが大事である

＝ あなたの基本的な性格は、理想とする未来を実現するために“今” をどう生きるべきかと深く考えるタイミングになるでしょう。疑問点は速攻でググって解決することで、アップデートするタイミングでもあります。葛藤をするため、どちらかを選ぶことが大事である

文章がうまく繋がらないため、接続詞を加える。さらに、わかりやすい文章にするために自分なりのアレンジを加える

↓

あなたは、理想とする未来を実現するために“今”をどう生きるべきかと深く考えるでしょう。ただ、疑問点があると速攻でググって入ってくる情報と自分の考えの間で葛藤することがあるかもしれません。その場合は、自分でどちらかを選ぶことが大事。そうすれば、アップデートの波に乗ることができるでしょう。

鑑定文の整え方POINT

文章力に自信がなく不安に思ったり、うまく文章がつながらずに違和感を抱いたりすることがあるかもしれません。その際は、以下の方法を試してみましょう。

POINT 1

キーワードとキーワードの間に接続詞や接続語を加える

前後の文や文節を繋ぐ役割のある接続詞や接続語を上手に使って文章を整えましょう。「しかし」「そのため」「なぜなら」「だから」「また」「そんな〇〇（自分や状況など）に」といった言葉を加えてみると、文章が繋がりやすくなります。

POINT 2

鑑定文の最初に「〇〇年〇月〇日の星の運行図があなたに与える影響は……」と加える

「〇〇年〇月〇日の星の運行図があなたに与える影響は……」の〇の場所にダブルチャートホロスコープを出す際に入れた未来の日付を入れ、鑑定文の頭に加えてみてください。この一文を加えるだけで、運勢占いらしい文章に仕上がります。

POINT 3

キーワードが持つ言葉の意味を残しながら、普段使いの言葉を入れて自分が読みやすい文章に変える

慣れないうちはキーワードをそのまま繋げるだけでもいいのですが、慣れてきたら、キーワードが持つ意味を大幅に変えない程度に、自由に変更してもOKです。自分らしい文章になるようにアレンジしても構いません。

POINT 4

鑑定文の最後に「なるでしょう」と加える

鑑定文の最後には、「なるでしょう」という一文を加えるだけで、一気に未来を表す文章に変わります。その他にも、「かもしれません」「〇〇のようです」「〇〇な感じです」などの言葉もおすすめです。

第2部

鑑定に使う用語

テンプレに穴埋めする言葉には
ムラサキ色のマーカーが引かれています。
読むだけでも楽しめます。

運勢占いで覚えるべき
専門用語
運勢占いを難しく感じる理由の1つとして、専門用語があるかもしれないね
うんうん
でも、実は使う専門用語は39個だけ。それもね、天体の天王星と海王星、冥王星は動きがゆっくりだから、
39
アスペクトを入れた本格的な運勢占いをしない限り、ほとんど扱わない
え、そうなの!? 実質36個ってこと！
サイン
おひつじ座
おうし座
ふたご座
かに座
しし座
おとめ座
てんびん座
さそり座
いて座
やぎ座
みずがめ座
うお座
天体
月
水星
金星
太陽
火星
木星
土星
天王星
海王星
冥王星
ハウス
1ハウス
2ハウス
3ハウス
4ハウス
5ハウス
6ハウス
7ハウス
8ハウス
9ハウス
10ハウス
11ハウス
12ハウス
アスペクト
トライン
セクスタイル
スクエア
コンジャンクション
オポジション
書き書き
専門用語の意味はこれからのページで説明していくよ。覚えなくても、マーカーが引かれている言葉を
テンプレに書き込むだけだから誰でもできるはず
トランジットチャートに月が入っているのは［　　　］ハウス……
占いたい日①［　　　］占いたいこと②［　　　］……
覚えなくていいなんて助かる♡

運勢占いにおけるサインの役割

サインとは**12星座のことであり、あなたの性格を表すもの**です。12星座とは、朝のニュース番組の終了5分前に流れる「今日の12星座占い」でお馴染みのおひつじ座からうお座のこと。

これを**星よみでは太陽星座と表現**します。あなたの太陽星座がうお座だった場合、「うお座的な性格ですね」という見方になります。じゃあ、うお座とはどういう性格なのかというと、「直感優先！　理屈はあと！」と鑑定でき、日頃のあなたは直感を優先するため、ごちゃごちゃと考えるのは後回しになりやすくなると言えます。

では、運勢占いにおいてサインはどのような役割を担うのでしょうか。ダブルチャートホロスコープを使って鑑定をすると、「あなたの性格がうお座だとしても、未来の特定の日付においてはおとめ座の影響が強くなりますよ」と出る場合があります。

あなたの性格のベースはうお座でありつつも、未来の特定の日付において、普段のあなたではあまり出てこない「なんかわからないけどいろいろ気になっちゃう」というおとめ座の性格が出やすくなると鑑定することができるのです。日付が変わればしし座かもしれませんし、いて座かもしれません。

もし、普段のあなたとは少し違う一面が出てきた場合、別の星座の影響を受けているとみて間違いないでしょう。

おひつじ座

野生児の観察力を活かして好機をモノにする

おひつじ座は、**『野生児の観察力を活かして好機をモノにする』**という性格です。おひつじ座は「あまり深く考えずにとにかく行動！」と表現されがちですが、決してそんなことはなく、野生児だからこそ持っている観察力を活かして、しっかり周りをチェックしています。

ただ、「見ていないようでしっかり見ている」ということが多いため、いわゆる曲者《くせもの》的な立ち位置になることも。他の人であれば見落としがちな部分であっても、おひつじ座は見逃しません。それをどのタイミングで伝え、どう動けばいいのかを把握し、好機を逃さない賢さを持っているのです。

運勢占いにおいて、おひつじ座の影響を受けている時期は、普段はじっくり考えるタイプでも、「今、このタイミングで動いたほうがいいよなぁ」という勘の良さが働きます。理屈云々《うんぬん》というよりも、感覚的に決める傾向が強く出ます。

ついつい頭でっかちになってしまう傾向がある方は、特にこの時期は流れに乗り、あまり難しく考えないこと。あなたがチャンスだと感じたのであれば、感じたままに動いていくことでより良い未来を作れるようになるでしょう。

おうし座

よくわからないけど、やってみたらなんかできた！

おうし座は、**『よくわからないけど、やってみたらなんかできた！』**という性格です。理論や理屈で動くタイプの人にとっては、「なにそれ？　どういうこと？」と疑問に思うかもしれません。では、どうしておうし座が、「よくわからないけど、やってみたらできた！」というような状態になるのでしょうか？

その大きな理由は、おうし座が五感に優れるという特徴を持っていることが関係しています。おうし座にとって五感というのは、うまく言語化できないもの。説明できたとしても、「そう感じたから……」と言うのが精一杯なのです。

この不思議な感覚は、おうし座にとって「細かい説明よりも、やってみないことにはなんとも言えないし、やってみたら意外となんとかなっちゃった」というようなこと。実際にやってみたら、理由はわからないけれどできてしまった……となるのがほとんどなのです。

運勢占いにおいて、おうし座の影響を受けている時期は、細かいことをごちゃごちゃ考えずに、「やってみたら意外とできるかも！」というスタンスになることも。普段から考えすぎる傾向にある方は、思いもよらない形で物事が前に進むことが多くなるでしょう。

♊

ふたご座

疑問点は速攻でググって解決

ふたご座は、**『疑問点は速攻でググって解決』**という性格です。好奇心旺盛なふたご座にとって、わからないことをわからないまま放置することは、とても居心地悪く感じます。そのため、速攻でググって疑問を解決しようとするのです。

その結果、スマホの検索履歴がとんでもないことになっていたり、気になることを調べていくうちに関連ワードも気になりだすという感じで、当初調べたかったことではない別のことを調べ始めて、「あれっ？　本当は何を調べていたんだっけ？」ということも日常茶飯事。これは、ふたご座あるあるです。

でも、ふたご座のこの性格は、収集した情報をもとにどうすればいいのかを考え、柔軟に対応できる臨機応変さや分析能力に長《た》けていると言い換えることもできるのです。

運勢占いにおいて、ふたご座の影響を受けている時期は、疑問点があればさっさとググってありとあらゆる情報を集めたうえで、どのような方法を取ればいいのか冷静に考えて判断するクレバーな一面が出てくるようになります。ですからこの時期は、ググって、考え、動く、この三拍子で行くようにしましょう。

かに座

自分の気持ちに正直に従って、やるかやらないかを決める

かに座は、**『自分の気持ちに正直に従って、やるかやらないかを決める』**という性格です。感情を司《つかさど》るかに座には、細かい理屈は一切通用しません。理屈よりも、「私の気持ちは何と言っているのか」という点が大事なので、どんなときも自分の気持ちに正直な判断を下します。

周りの人がどれだけ理路整然と説いたとしても、かに座は「言っていることはわかるけど、あなたの言っていることは私の気持ちに響かない」というふうに思うことが多くなります。自分の気持ちに正直に従って、やるのか、やらないのか、それを決めることに対してのこだわりが強くなります。

運勢占いにおいて、かに座の影響を受けている時期は、理路整然としたアドバイスをされることよりも、「周りがなんと言おうが、私の気持ちは何と言っているのか」という部分を大事にすることが多くなります。

普段がチャキチャキの理論派なのに、「最近理屈とかじゃなくて、自分の気持ちのほうが気になる。結局、自分の気持ちは何と言っているのかな？」と思う傾向が出てきた場合は、かに座の影響をかなり強く受けていると考えて間違いないでしょう。

♌

しし座

世の中がどうなろうと自分の信じた道を歩む

しし座は、**『世の中がどうなろうと自分の信じた道を歩む』**という性格です。星よみでしし座は、目立つ人、タレント性があると表現されることが多いのですが、そのままをしし座に伝えると、「いや、ぜんぜん違いますね。むしろ目立ちたくないです」と返事をもらうことがほとんどです。

豆腐メンタルのしし座にとって、目立つことは、受けなくてもいい批判を受けることと同義。本当に目立ちたくないと思っているのです。しかし、世の中で売れているタレントの多くは、目立とうとしているわけではなく、人々がその人の生き方に魅了され、不思議と人を惹きつけてしまうのです。しし座は、「自分の信じた道を歩む」タイプ。そのように強く生きられない人が多いからこそ、しし座の生き方に憧れを抱く人が多くなり、不思議と人を魅了するのです。

運勢占いにおいて、しし座の影響を受けている時期は、周りから何と言われようとも、「世の中がどうなろうと自分の信じた道を歩む」という断固たる決意のもと生きるようになります。普段、柔軟な考えの人は特に影響を強く感じやすくなるはずです。物事をスパッと決められるようになるため、意思決定をしいられる場合はしし座が味方をしてくれるでしょう。

おとめ座

なんかわからないけどいろいろ気になっちゃう

おとめ座は、**『なんかわからないけどいろいろ気になっちゃう』**という性格です。これを読むと、「おとめ座って細かい性格だなぁ」と思うかもしれません。しかし、「何でもいいよ」が口癖のおとめ座は、むしろアバウトな性格であることがほとんど。

では、どうして、「なんかわからないけどいろいろ気になっちゃう」のかというと、おとめ座が意図的に細かく見ているのではなく、周りにいる人があまりにも気にしなさすぎるから。おとめ座は仕方なく、周囲の人が見落としがちな部分をチェックしているだけなのです。

このような、ある種の宿命を背負って生まれたおとめ座だからこそ、細かい部分まで見落とさない観察力や分析力に長けていて、本質的な部分をズバリと指摘する能力が高いのです。

運勢占いにおいて、おとめ座の影響を受けている時期は、普段は大雑把なのに、ついつい気になってしまう傾向が顕著に。そのため少しストレスを感じやすくなるものの、あなたを困らせている本質的な問題を解決するという意味では、ベストな時期と言えるでしょう。

♎

てんびん座

誰からも反感を買わないベストな判断をする

てんびん座は、**『誰からも反感を買わないベストな判断をする』**という性格です。てんびん座は、「八方美人だ」とか「誰にでもいい顔をする」と言われてしまいがちです。でも、人によって価値観が違うのだから対応を変えるのは当たり前だ、とてんびん座は思っていて、その人にあった対応をしているだけ。結果的にそのせいで、八方美人に見られてしまうこともあります。

人によって態度を変えるコミュニケーション能力に優れているからこそ、敵を作らない対応能力に恵まれており、誰からも反感を買わないベストな判断をすることが上手いのです。人生においてコスパを重視するてんびん座にとって、敵を作ることはタイムロス以外の何物でもありません。限りある時間を有効に使うためにも、人によって対応を変える能力は役に立ちます。

運勢占いにおいて、てんびん座の影響を受けている時期は、誰からの反感も買わないベストな判断をすることが多くなります。同時に、敵を作らないコミュニケーション能力が高まります。このことから、普段はストレートにズバッと言ってしまいがちな人が、優しい物言いになったり、人と円滑な関わりができていると感じたときは、てんびん座の影響を受けていると思って間違いないでしょう。

さそり座

YES or NOで判断する

さそり座は、『YES or NOで判断する』という性格です。言葉を変えれば、白か黒かということ。これを読んだ人は、「グレーはないの？」「なんか極端じゃない？」といった印象を抱くことでしょう。

確かに極端だと思います。しかし、さそり座にとってはYES or NO、白か黒かで決めたほうが、最速最短で求めている真実にたどり着けるのです。このほうがわかりやすくて、手っ取り早いというわけです。

さらに、さそり座が不思議なのは、答えを出すうえで、上司に説明をするときに使う5W1Hのような細かい説明が不要なところ。「私の心がYESと言えばYES」であり、「私の心がNOと言えばNO」というシンプルな基準で物事を判断します。

運勢占いにおいて、さそり座の影響を受けている時期は、周りがどれだけごちゃごちゃ言おうが、「私の心が行けと言えば行く」というような傾向が出てくるようになります。注意喚起として、周りの意見が耳に入らなくなることがあることをお伝えしておきます。その一方で、シンプルに次の一手を打てるようになるでしょう。

いて座

未来を実現するために〝今〟を生きる

運勢占いにおいて、いて座の影響を受けている時期は、未来に対する意識が強くなる一方で、「じゃあ、その未来を実現するために〝今〟すべきことは何か？」と考えるようになります。もちろん未来を思い描くものの、〝今〟何をすべきかという部分への意識が強くなります。また、ネガティブな出来事に対して、ポジティブな意味合いに変換する頻度も多くなるでしょう。もしあなたが、「普段は落ち込みやすいのに最近はなんか違う」といった体感がある場合は、いて座の影響をモロに受けていると見て良いでしょう。気持ちが凹んでもすぐに立ち直れるため、チャレンジ期間と捉えることもできます。

いて座は、**『未来を実現するために〝今〟を生きる』**という性格です。いて座は「今よりも未来へ意識が向きやすい」と思われがちです。でも実際のところは、思い描いている夢を実現するために〝今〟をどう生きるのかが大事だと思って動いています。

「ポジティブシンキングの塊《かたまり》」と思われることも多くなりますが、蓋を開けてみれば根っからのネガティブシンキング。ネガティブを知り尽くしているからこそ、「考え方を変えれば、こういう良い捉え方もできるよね？」と、マイナスをプラスに変換することが上手いのです。

♑
やぎ座

コツコツやることを厭《いと》わない

やぎ座は、『コツコツやることを厭わない』という性格です。やぎ座は、「真面目ですね」と言われがちです。でも、「決められたことをやるのは当たり前じゃん」と内心思っていますし、やぎ座の口からは、「仕事を片付けると安心して休めるから、さっさと仕事を片付けたいだけ。根は怠け者です」という言葉が出掛かっているのです。

「決められたことをやるのは当たり前じゃん」という発言からわかるように、誰がどう見ても、「真面目だよね」という印象を抱かれることが多くなるやぎ座。なんやかんや言っても実際真面目です。「絶対に結果を出したい」と決めたことに対しては全星座中トップクラスのハングリー精神を発揮し、結果を出すまで絶対に諦めません。

そのため、運勢占いにおいて、やぎ座の影響を受けている時期になると、普段は比較的投げ出しがちな性格だったとしても、歯を食いしばって結果を出すためにコツコツ頑張る傾向が出てきます。特に仕事面で目標に向かっているときには、やぎ座の性格が力強いサポートをしてくれることでしょう。ただし、エナジードリンクに頼って乗り切るタイプの人は個人で頑張りすぎないよう注意。必要なら周りに手助けをお願いすることも大切です。

みずがめ座

オリジナリティを追求する

みずがめ座は、**『オリジナリティを追求する』**という性格です。オリジナリティというと、他の誰ともかぶらない能力・個性という意味ですが、それだけ聞くと凄《すご》みを感じてしまうかもしれません。周りとの調和を重んずるみずがめ座にとって、このオリジナリティというのがなかなか曲者。オリジナリティを発揮することで周りとの調和を乱してしまうかもしれないという不安から、逆に自分らしさを発揮できないことがあるのです。

ですが、みずがめ座は自分の意見とは関係なく、「変わってますね」と言われることが多くあります。この場面に出くわすと、みずがめ座は、「ありがとう！」となる一方で、何がどのように変わっているのか具体的な部分に関する見解も気になってしまい、「ありがとう！　で、私のどんなところが変わってるの？」と、思わず突っ込んでしまうのです。

運勢占いにおいて、みずがめ座の影響を受けている時期になると、これまで抑えていた「本当はこうしたかった」という欲求が出てきたり、自分のオリジナリティをより追求したいという願望を持つようになります。普段は引っ込み思案の人にとっては、これはかなり自覚しやすい変化でしょう。

うお座

ただ、心のままに

うお座は、『ただ、心のままに』という性格です。この言葉を一言で表現すると、「直感」です。大袈《おおげ》裟《さ》じゃなく、うお座は直感や心のままに生きているため、驚くほど迷いがないのです。

直感は根拠や具体性に欠けるもの。でも、生きるうえで全て根拠や具体性が大事かというと、そうではありません。神のみぞ知る部分があるからです。

うお座が、ただ心のままに生きるのは、「結局、どれだけ努力しても神のみぞ知る部分があるんだから、結果についてモヤモヤしても仕方がない。だったら、今すべき最善の行動を取るべきだ」という考えが根底にあるため。決して、何も考えていないということではありません。

運勢占いにおいて、うお座の影響を受けている時期になると、普段は針の穴に糸を通すレベルで頭を使っていたとしても、「なんかわかんないけど、ピンときたから行ってみようかな」というような、説明できないアバウトさが目立つようになります。その一方で、心のままに生きているだけで人生がうまくいくような手応えも感じるでしょう。

いつもとの違いに戸惑うこともあるかもしれませんが、うお座の影響を楽しむくらいが丁度いいでしょう。

運勢占いにおける天体の役割
運勢占いで重要な役割を果たす
天体の説明をするよ
はぁーーい
運勢占いで使うダブルチャートホロスコープを見て
内円のネイタルホロスコープと、外円のトランジットチャートにそれぞれ10個の記号があるのがわかるかな?
☉とか♂のこと?
☉ ☽ ☿ ♀ ♂ ♃ ♄ ♅ ♆ ♇
太陽 月 水星 金星 火星 木星 土星 天王星 海王星 冥王星
それが天体記号だよ。天体がどのハウスに入っていくかを見ることで、未来の特定の時期が何をするのに最適なのかがわかるんだ
!!!
運気がいい時期がわかれば、心の準備が事前にできるね

運勢占いにおける天体の役割

星よみの世界では、実はおひつじ座やおうし座といった「サイン」ではなく、「天体」が主役とされています。**天体への理解を深めることにより、より細分化した鑑定が可能になる**のです。

天体はサインと必ずセットになります。「太陽星座」とは、太陽とサインが結びついたもの。おひつじ座からうお座までの12パターンがあり、太陽星座だけで12通りの性格があるわけです。

たとえば、知的好奇心やコミュニケーション能力を意味する天体「水星」に、12個あるサインのいずれかがセットになる場合は、思考やコミュニケーションパターンが12通りに分かれることを示しています。天体を使うことでより細分化した鑑定ができると

ご説明したのは、こういう理由からです。

それを踏まえたうえで、運勢占いに関する天体の役割をご説明します。あなたのネイタルホロスコープとトランジットチャートを見た際、「トランジットチャートの天体が、ネイタルホロスコープのハウスに対して影響を与える」という役割があります。

たとえば、仕事がうまくいくタイミングを占うことができる10ハウスを見て、トランジットチャートに水星が入っているとします。その時期は、水星のコミュニケーション能力を活かすことで仕事運がアップするということになります。そして、どのようなコミュニケーションをすれば良いのかを細分化する際は、水星とセットになっているサインを活かしていくと尚《なお》良いと占えます。

月

気分

運勢占いにおける月は**『気分』**を意味します。星よみで、月は動きの速い天体と言われています。ただ、そんなことを言われてもいまいちイメージがわきにくく、わかるようでわからないと思います。

あなたが夜道を歩きながらふと夜空に輝く月を見上げたとします。数時間後に改めて夜空を見上げたとき、「さっきと全く違うところにいるな」と、思ったことがあるはずです。実際に月の動きを観察すると、本当に動く速度が速いことを実感するはずです。

この月の動きの速さと僕たち人間がリンクしている部分が、気分なのです。さっきまでは気分が良かったのに、会社から休日出勤依頼の電話がくると気分が台無しになりますよね？　これくらい僕たちの気分は、瞬間瞬間で移り変わるものなのです。

また、月には「無意識に心が求めているもの」という意味もあります。生まれたときの星の配置を意味するネイタルホロスコープと、未来を表すトランジットチャートを重ね合わせたとき、月が入っているハウスは未来のあなたが無意識に求めているものと読むことができます。また、月が入っているハウスのテーマに対して気分で取り組む傾向が出ます。

月が9ハウスに入っている場合は、9ハウスの意味である「将来について考えること」に関して「気持ちが向きやすくなる」という影響があります。

Taurus

月 おうし座

気分を意味する月と「楽しければいいじゃない！」という性格のおうし座が合わさると、つまらないことを断捨離して楽しいことだけに没頭するようになります。トランジットチャートで月とおうし座がセットになっているときは、ハウスのテーマに対して楽しいことを求めるようになります。それと同時に、つまらないことに対してやや排他的になる傾向があります。

Aries

月 おひつじ座

無意識という意味もある月と黙々と手を動かすおひつじ座が合わさると、知らず知らずのうちに口よりも手を動かす傾向が出てきます。トランジットチャートで月とおひつじ座がセットになっているときは、ハウスのテーマに対して「さっさと動こう」という部分が目立つようになります。普段は腰が重い人は、フットワークの軽さを実感するはずです。

Cancer

月 かに座

気分を意味する月と「外野からグイグイ来られたら嫌だけど、自分の心に従って進むのはOK」というかに座が一緒になると、外からの圧はNG、でも自分の心に従うのはOKという自由奔放さが目立つようになります。トランジットチャートに月かに座が入っているときは、ハウスのテーマに対して外側からのプレッシャーに対して敏感になるものの、心に正直に突き進むようになるでしょう。

Gemini

月 ふたご座

気分を意味する月と「アレも知りたい！コレも知りたい！」と思っている知識の収集欲が旺盛なふたご座が合わさると、アレコレ情報収集をするようになるでしょう。月ふたご座がトランジットチャートに入っているとハウスのテーマに対して調べることが多くなり、気付いたらWikipediaを閲覧している可能性も。このときは検索履歴がパンパンにならないように注意！

Virgo

月 おとめ座

気分を意味する月と「なんか気になる」という、細やかな性格のおとめ座がセットになると、細かい部分に対して敏感になるという傾向が出ます。トランジットチャートに月おとめ座が入っている場合、ハウスのテーマに対して些細なことまで気になる傾向が出てくるでしょう。普段は大雑把な人ほど、その変化を感じやすくなるかもしれません。

Leo

月 しし座

無意識という意味もある月と「納得したこと以外はやらん！」という、ちょっと気の強いしし座がセットになると、つい主張が激しくなります。トランジットチャートに月しし座が入っていると、ハウスのテーマに関して人から「これをやって」と、命令や指示をされたときに強く反発するようになります。「宿題やったの？」に対して怒る子どものようなイメージです。

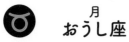

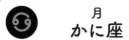

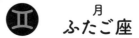

Scorpio

月 さそり座

無意識という意味もある月と「鍵穴から向こうの世界を覗く」という性格のさそり座がセットになると、「今見ていること以外は目に入らない」と、やや極端な状態になります。ただ、ほとんど無自覚であることが多いため、月さそり座がトランジットチャートに入っているときは、ハウスのテーマに対して視野が極端に狭くなる反面、一点突破力が目立つようになります。

Libra

月 てんびん座

気分を意味する月と「特別枠に対しては激甘」という性格を持つてんびん座がセットになると、特別だと認定した人に対してかなり甘い対応になることがあります。トランジットチャートに月てんびん座が入っているときは、ハウスのテーマで関わる人に対して甘い振る舞いを自然とするようになります。たまにはそんなときがあってもヨシとしましょう。

Capricorn

月 やぎ座

気分を意味する月と「困っている人は放っておけない」という性格のやぎ座がセットになると、いわゆる良い人になります。しかも無意識なので、困っている人を見つけた瞬間にすぐさまアクションを起こすようになるでしょう。トランジットチャートに月やぎ座が入っている場合は、ハウスのテーマで関わる人に対して良い人感満載になり、サポートしたくなります。

Sagittarius

月 いて座

無意識という意味もある月と「先へ、先へ、とにかく先へ進む」という性格のいて座がセットになると、〝今〟よりも〝未来〟に対して意識が向きやすくなります。トランジットチャートに月いて座が入っている場合は、ハウスのテーマに対して想いを馳せ、気分は常に未来を向く傾向が出てきます。普段は今どうあるべきかを意識している人はかなりの影響を感じるようになるでしょう。

Pisces

月 うお座

無意識という意味もある月と「みんな一緒♡」という性格のうお座がセットになると、差別や区分けをすることはほとんどなくなります。月うお座がトランジットチャートに入っているときは、ハウスのテーマや関わる人に対して、当たり前のように手を差し伸べられる優しさが目立つようになります。ただ、優しくしすぎて、変な人に誤解されて困ることも。くれぐれも注意してください。

Aquarius

月 みずがめ座

無意識という意味もある月と「皆平等に」という性格のみずがめ座がセットになると、知らず知らずのうちに平等を大切にするようになります。月みずがめ座がトランジットチャートに入っているときは、ハウスのテーマに対して不平等な扱いを受けることに激しく嫌悪感を抱くように。上司が上にゴマをすって下には圧を与えるタイプだと、大変なことになる可能性も……。

☿ 水星

学びを深めるタイミング

運勢占いをするうえで水星が入っている場合は、ハウスのテーマに対して純粋な好奇心が向かいやすくなります。同時に、ハウスのテーマに対して学びを深めるうえで最適なタイミングと見ることができます。

たとえば、持っている能力やお金の稼ぎ方を意味する2ハウスに水星が入っているとします。その際は、どのようなことをやって生きていきたいのか、どのように稼いで生計を立てていきたいのかという部分に関して学びを深めるタイミングであると読むことができます。

水星は、**『(ハウスの意味に対して)学びを深めるタイミング』**という意味です。星よみの中で、水星は知的好奇心と表現されることが多くあります。つまり、水星が入っているハウスの意味に対して知的好奇心が向きやすくなる＝ハウスの意味に対して学びを深めるタイミングであるということになります。

知的好奇心、学びを深めるタイミングという言葉を見ると、少し難しく感じるかもしれません。かんたんに説明すると、見るもの全てが新鮮な子どもが、お母さんやお父さんに対して、「あれなーにー？ねぇねぇ！　あれなーにー??」と、純粋な好奇心から質問をしているようなものです。

水星 おうし座

Taurus

思考パターンを意味する水星と「何事においてもじっくりコトコト煮込むようにして決断する」という性格のおうし座。ハウスのテーマに対して水星おうし座の影響を受けるため、決断をするまでにかなり時間がかかるようになります。そのぶん、根拠に乏しいことを疑ったり、軽率な行動はしなくなり、的確なアプローチができるようになるでしょう。

水星 おひつじ座

Aries

コミュニケーションという意味もある水星と「ハッキリ言ったら、結果的に忖度なく言っていた」という性格のおひつじ座。水星おひつじ座がトランジットチャートに入っている場合は、ハウスのテーマで関わる人に対し、ストレートな物言いになることも。普段は言葉を飲み込むタイプの人ほど、その影響を感じやすくなるでしょう。ただ、言いすぎに注意な時期であると言えます。

水星 かに座

Cancer

コミュニケーションという意味もある水星と「気持ちの交流を大切にする」かに座がトランジットチャートに入っているとします。このとき、ハウスのテーマで関わる人に対して理路整然としたわかりやすい関わりをするよりも、気持ちの交流を重視するようになります。また、かに座はせかす人がいないという状況であれば、「イケる気がする！」という思い切りの良さを持っているため、ハウスのテーマに対してその性質が出るでしょう。

水星 ふたご座

Gemini

コミュニケーションという意味もある水星と「ちょっと気の利いた言葉選びができちゃう」ふたご座がトランジットチャートに入っているときは、ハウスのテーマで関わる人に対してちょっと気の利いた言葉掛けをするようになります。また、あなたの好きな話をたくさん人に話してアウトプットしたくなるということもあるでしょう。

水星 おとめ座

Virgo

コミュニケーションという意味もある水星と「要《かなめ》の部分以外、基本うっかりさん」のおとめ座がセットになってトランジットチャートに入っているとします。このときは、しっかり者なのだけど、うっかりした部分が出ることも。また、ハウスのテーマに対して重要部分はガッチリ固めるものの、それ以外に関しては抜けっぽくなるでしょう。ON と OFF がキッチリしているとも言えます。

水星 しし座

Leo

思考パターンを意味する水星と「私か、私以外か」という意識のあるしし座。この独特な性格が思考と組み合わさることで、自分で決めたことに対して素直になるという思考パターンが目立つようになります。ハウスのテーマに対して決断を迫られたときは、あなた自身が納得するかが判断基準になります。同時にハッキリした態度になりやすくなり、ときには反感を買うこともあるでしょう。

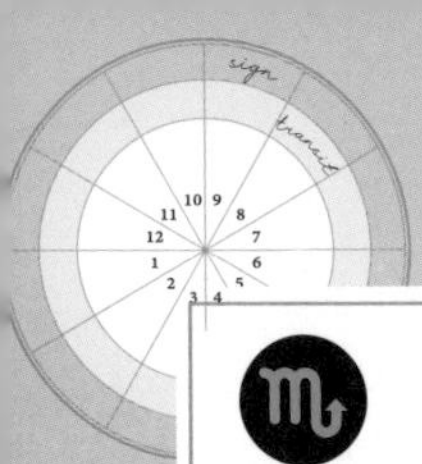

水星 さそり座

Scorpio

コミュニケーションという意味もある水星と「本質を瞬間的に見抜く鋭さ」を持っているさそり座がセットになってトランジットチャートに入っている場合。この時期は、ハウスのテーマに対して迷いを感じたら、瞬間的に本質的な問題点を見抜けるようになります。人と話しているときや考え事をしているときに、ズバリ見抜ける鋭さや洞察力が光ります。

水星 てんびん座

Libra

コミュニケーションという意味もある水星と「付かず離れず適切な距離感を保つ」性格のてんびん座がセットになってトランジットチャートに入っているとします。このとき、ハウスのテーマに対して考えはするものの、あまり深く考え込みすぎず適切な距離感で関わるようになります。普段は考え込むタイプの人ほど、水星てんびん座の影響を強く感じるはずです。

水星 やぎ座

Capricorn

コミュニケーションという意味もある水星と「しっかり考えるものの、クスッと笑えるオトナのユーモアセンスをもち合わせる」やぎ座がセットになってトランジットチャートに入っている場合。特定のハウスに入っている時期はハウスのテーマをしっかり考える一方で、会話の中に効果的にギャグを入れ込んだり、オトナ力が光る話し方になります。

水星 いて座

Sagittarius

コミュニケーションという意味もある水星と「先々のことで悩んでも数十秒で決める」という性格のいて座がセットになってトランジットチャートに入っている場合。ハウスのテーマに関して悩んだときは、これまでよりも即断即決の傾向が出てきます。人と話をするときにも「悩んでてもしゃーないでしょ。さっさと決めてやっちゃおう」と接することが多くなります。

水星 うお座

Pisces

思考パターンを意味する水星と「理屈は後、直感が先」という性格のうお座がセットになってトランジットチャートに入っている場合。ハウスのテーマに対して頭で考えるよりも、直感重視で決めるようになります。この影響で、人と話をするときも理屈度外視の直感99%でコミュニケーションをするため、唐突に不思議議な発言をし、周りを驚かせることがあります。

水星 みずがめ座

Aquarius

コミュニケーションという意味もある水星と「感情は後、理屈が先」という性格のみずがめ座がセットになってトランジットチャートに入っている場合。ハウスのテーマに対して、理屈や事実ベースで判断するようになります。そのため、会話中も冷静さが際立つでしょう。ただ、後々ためていた感情が噴水のように出ることもあり、自分の気持ちの扱いにも注意しましょう。

♀ 金星

楽しいという気持ちを抱きやすくなるタイミング

金星は**『（ハウスの意味に対して）楽しいという気持ちを抱きやすくなるタイミング』**という意味です。星よみの中で金星は、楽しみの感受点と言われることがあります。この「楽しみの感受点」というのは、金星が入っているハウスのテーマに対して、楽しいという気持ちを抱きやすくなるということ。

「楽しみの感受点」という言葉に対して、ワクワクするような感情やポジティブな印象を抱く人がほとんどでしょう。でもときには、「テンションが上がりすぎてしまってハメを外した結果、とんでもないことになってしまった」ということが起こりますので、きちんと自制することも大切です。

たとえば、会社からボーナスをもらったとしましょう。ついつい気が大きくなりすぎてしまい、赤字になって後悔をする……という状態です。

運勢占いをするときは、金星が入っているハウスのテーマに対して楽しい気持ちを抱きやすくなります。もし、「恋愛」を意味する5ハウスに金星が入っていたら、「恋愛って楽しい！」という気持ちになりやすくなります。いわゆる、恋愛モードに突入すると考えるといいかもしれません。気になる人がいるのならアタックするチャンス。思いきり恋愛を楽しめる時期です。

金星 おうし座

Taurus

ワクワクポイントという意味もある金星と「お腹の虫が鳴るまで没頭し続ける」という性格のおうし座。トランジットチャートにこの金星おうし座が入っている時期は、ハウスのテーマに対して空腹を感じるまで没頭し続けるようになります。ただ、おうし座は五感を通じて体験することを好むため、お腹の虫が鳴ればそれが合図といわんばかりに強制停止する傾向にあります。

金星 おひつじ座

Aries

ワクワクポイントという意味もある金星と「集中＆興味が続く限りいつまでもやり続けられる」という性格のおひつじ座。この2つがセットになってトランジットチャートに入っている時期はハウスのテーマに対してワクワク感を抱きやすくなり、集中力や興味が続く限りは延々とやり続けるようになります。ただ、お金が絡んだ楽しいことの場合はお財布のひもに注意！

金星 かに座

Cancer

ワクワクポイントという意味もある金星と「えいやっ！　と大胆な行動に出る」という性格のかに座がトランジットチャートに入っている時期は、ハウスのテーマに対して大胆な行動をとるようになります。それは、海外旅行未経験だけど一人旅をするといったくらいの大胆さです。ただ、不安と好奇心のせめぎ合いになることも多いので、周りの人の力も借りるようにしましょう。

金星 ふたご座

Gemini

楽しい気持ちを抱きやすい金星と「知識の虫食い」のふたご座がセットになって、トランジットチャートに入っている時期は、ハウスのテーマとリンクしているあらゆる知識や情報をむさぼるように求め続ける傾向が出てきます。この体験を通じて、「本当に必要なものとそうでないもの」をきちんと分別するようになるため、中途半端で終わることはありません。

金星 おとめ座

Virgo

ワクワクポイントという意味もある金星と「黒子役に徹して援助に徹する」おとめ座がトランジットチャートに入っている時期は、ハウスのテーマに対して人の手助けをすることに小さな喜びを感じるようになります。普段のおとめ座は、「相手から求められたからやっただけ」というドライな一面もあります。でも、金星とセットになった時期は人助けに強い喜びを感じます。

金星 しし座

Leo

楽しい気持ちを抱きやすい金星と「やったことがないことでも挑戦を楽しむ！」という性格のしし座がセットになってトランジットチャートに入っている時期は、ハウスのテーマに対して未経験のことであっても挑戦を楽しめるようになるでしょう。普段は挑戦に対して二の足を踏む傾向がある人は、いつもはあまり感じない高揚感を感じる可能性大。

Scorpio

金星
さそり座

ワクワクポイントという意味もある金星と「誰にも教えない私の〇〇」という性質を持つさそり座がセットになってトランジットチャートに入っている時期は、ハウスのテーマに取り組んでいることを口外せず、秘密の趣味を楽しむような傾向が出ます。普段は何でもサラッと言えるのに発言ができなくなった……と感じるのなら、金星さそり座の影響を受けていることになります。

Libra

金星
てんびん座

ワクワクポイントという意味もある金星と「たまにはハメを外して羽を伸ばしたい」というてんびん座がセットになってトランジットチャートに入っている場合。ハウスのテーマに対して遊ぶ感覚で取り組むようになります。普段は自分をしっかり律するタイプのてんびん座ですが、金星のワクワク感と合わさることによって、ちょっとだけハメを外すように。ただ、遊びすぎは禁物です！

Capricorn

金星
やぎ座

楽しい気持ちを抱きやすい金星と「結果が出るまで試行錯誤をする」やぎ座がセットになってトランジットチャートに入っている場合。ハウスのテーマに対して結果を求めているときに、堅苦しく試行錯誤をするというよりも、実験を楽しむような感覚でいろいろ試して結果を出すようになるでしょう。楽しみながら結果も得られる最高のタイミングと言えるでしょう。

Sagittarius

金星
いて座

楽しい気持ちを抱きやすい金星と「常識度外視ではっちゃけるように生きる」いて座がセットになってトランジットチャートに入っている時期は、ハウスのテーマに関する常識は気にせず、自由奔放な行動が目立つようになります。やりすぎてしまうときもありますが、それくらいのほうが楽しく生きられますし、未来に対して悲観的になることもないでしょう。

Pisces

金星
うお座

楽しい気持ちを抱きやすい金星と「インスピレーションが降ってきたぁ！」という性格のうお座がセットになってトランジットチャートに入っている場合。ハウスのテーマに対して悩んだり意思決定を求められたりした場合、小難しく考えてから決めることはありません。インスピレーションのままに決め、悩み解決のヒントを得ます。しかも直感が冴えるとワクワクがとまらない状態になります。

Aquarius

金星
みずがめ座

ワクワクポイントという意味もある金星と「自己分析大好き」という性格のみずがめ座がセットになってトランジットチャートに入っている場合。ハウスのテーマに対して上手くいかないことがあったり、反対に上手くいっていることがあったときに、「自分のどこが原因？」と、自己分析を始めます。金星の影響を受けるので、子どものような無邪気さが出るはずです。

太陽

ベストなタイミング

運勢占いにおける太陽は、**『(ハウスの意味に取り組むうえで) ベストなタイミング』**という意味です。星よみでは太陽は1ヶ月間同じサインに滞在することから、1ヶ月間同じハウスにいると考えます。そのため、今月のあなたのテーマと読むこともできるでしょう。

この瞬間もあなたを照らしている太陽は、太陽系でもっとも光り輝いている存在です。太陽がこの世から消えてなくなってしまったら、僕たちは生きていくことができません。

これだけ強い影響を与えるからこそ、運勢占いにおいて太陽が入っているハウスは、『(ハウスの意味に取り組むうえで) ベストなタイミング』であり、1ヶ月間は太陽が入っているハウスにエネルギーが注がれるため、今月のテーマと読むことができるのです。

もし、太陽が10ハウスに入っていたら、10ハウスのテーマになっている『仕事』に打ち込むうえでベストなタイミングと見ることができます。ただし、太陽が入っているハウスに関してやりすぎて燃え尽きてしまうということもあります。体調管理には注意が必要とも言えます。

Aries

太陽 おひつじ座

あなたらしさという意味もある太陽と「やる一択」の性格のおひつじ座がセットになっているときは、何をするにも即決になりやすくなります。トランジットチャートに太陽おひつじ座が入っている場合は、ハウスのテーマに対して迷うことなくやる一択というように、前に進む傾向が出てきます。迷いを感じたとしたら、そもそもそれをやることに必要性を感じていない可能性も。

Taurus

太陽 おうし座

あなたらしさという意味もある太陽と「牛歩の如《ごと》く一歩の歩みを大切に」という性格のおうし座がトランジットチャートに入っているとき。ハウスのテーマに対して、牛歩の如く一歩一歩着実に前へ進むようになります。少し停滞感を感じやすくもなりますが、そのぶん成果を得やすくなる時期と読むこともできます。焦らず、じっくりコトコト煮込むように取り組むのがおすすめです。

Gemini

太陽 ふたご座

あなたらしさという意味もある太陽と「知的好奇心旺盛！　知識の収集癖」という特徴を持つふたご座。2つがセットになった太陽ふたご座がトランジットチャートに入っているときはハウスのテーマに対して考える時間が増え、知識をたくさん集めるようになります。見方を変えれば、集めた知識を総動員してハウスのテーマを解決するベストな時期とも言えます。

Cancer

太陽 かに座

ベストなタイミングを意味する太陽と「危険を察知して安全ならLet's Go!!」という性格のかに座が一緒になってトランジットチャートに入っている場合。ハウスのテーマに対して、最初はかなり慎重な態度を見せるようになります。ですが、安全だと感じたり、気持ちが安定していると感じた瞬間、突然アクションを起こすように。慎重or大胆といったように少し極端な部分が出ます。

Leo

太陽 しし座

あなたらしさという意味もある太陽と「自分が納得したことだけをする！」という性格のしし座がセットになっている時期は、入っているハウスのテーマに対して納得したことだけをやる傾向が顕著に出ます。頑固になることもあるものの、「自分が！」という強い意志と自己主張に惹かれた人たちから神輿《みこし》に担がれて、気が付いたら上手くいっていたという可能性もあります。

Virgo

太陽 おとめ座

あなたらしさという意味もある太陽と「できることで役に立ちたい」という性格のおとめ座がセットになっている時期には、入っているハウスのテーマにおいて人の役に立ちたいと思うようになります。ただ、実際に行動に移すことよりも、「自分にできることってなんだろう？」と考えることのほうが多くなるでしょう。だからこそ、行動に移したときに無駄がありません。

Scorpio

太陽 さそり座

ベストなタイミングを意味する太陽と「あなただけしか見えない」性格のさそり座がセットになってトランジットチャートに入っているとき、ハウスのテーマに対して「あなただけしか見えない」状態になります。これは必ずしも人に向けられる訳ではなく、興味がある事柄であることも。この時期は1つのものやことに没頭することによって、大きな成果を出せることもあります。

Libra

太陽 てんびん座

ベストなタイミングを意味する太陽と「陰の努力家気質」のてんびん座がセットになってトランジットチャートに入っている場合は、ハウスのテーマに対して裏で努力をするようになります。学生時代に「テスト勉強していない」と言っているのに、テスト用紙が返ってきたら90点以上を取っていた人のような感じです(笑)。問題解決や、結果を出したいときには最高のタイミングです。

Capricorn

太陽 やぎ座

あなたらしさという意味もある太陽と「バリバリ仕事をこなしてさっさと休む」性格のやぎ座がセットになってトランジットチャートに入っているとき。仕事だけに限らず、太陽やぎ座が滞在するハウスのテーマに対して精力的に取り組むようになります。ブルドーザーのように一気に仕事をこなし周りが驚きますが、やりすぎて倒れないように注意してください。

Sagittarius

太陽 いて座

あなたらしさを意味する太陽と「最初は悩むけれど、決まれば秒で行動」という性格のいて座がセットになってトランジットチャートに入っている場合。ハウスのテーマに対して深掘りするようになる一方で、考えてから十数秒で動くような思い切りの良さが目立つように。つい考えすぎてしまったら、「人生は冒険」くらいの感覚で決断するのがおすすめです。

Pisces

太陽 うお座

あなたらしさという意味もある太陽と「One for All. All for One」というふうに、常にみんなのために動く性格のうお座がセットになっている場合。入っているハウスのテーマを通じ、関わる人に対してときには自己犠牲とも言えるくらいの愛情を注ぎます。また、12星座の中でもっとも直感に優れたうお座。ハウスのテーマに対し、直感を信じて突き進むことも強くおすすめします。

Aquarius

太陽 みずがめ座

あなたらしさという意味もある太陽と「周りに合わせつつも、最終的にはやりたいことをやる」みずがめ座がセットになっている場合。トランジットチャートに太陽みずがめ座が入っている時期は、ハウスのテーマや関わる人と歩調を合わせるものの、最終的には自分のやりたいことをやるようになります。逆に周りに遠慮しすぎないことをおすすめします。

♂ 火星

意欲的に取り組むタイミング

火星は**『（ハウスのテーマに対して）意欲的に取り組むタイミング』**という意味です。火星は、やる気、積極性、アクティブと表現されますが、これらの言葉をまとめると「意欲的」という意味になります。

1つだけ注意点があります。それは、意欲的であるのは良いのですが、やりすぎてしまった結果、トラブルになってしまうこともあるので気を付けましょう。

たとえば、仕事に対して前向きになってバリバリ働くのは良いことです。でも働きすぎてしまったことによって、体調を崩してしまうような状態です。

火星はトラブルの暗示でもあり、火星が入っているハウスのテーマに対してやりすぎてしまう傾向にあります。残念な結果にならないためにも、ちゃんと休む、自分自身をコントロールすることを意識しましょう。

もし、火星が「友だち関係」を意味する3ハウスに入っている場合は、友人とのトラブルに気をつけたほうがいいでしょう。それと同時に、交友関係に対して意欲的にアプローチをするようになるとも読むことができます。アクセルとブレーキの塩梅に気をつけて進めば､心配するようなことはありません。

Taurus

火星 おうし座

意欲的に取り組むタイミングを意味する火星と「一切手を抜かずに納得いくまでやり切る」という性格のおうし座がセットになってトランジットチャートに入っている場合。ハウスのテーマに対して、何が起ころうとも前向きかつ果敢に攻めるようになります。ただ、おうし座はかなりため込むタイプなので、ストレスを上手に吐き出すことも大切な時期と言えます。

Aries

火星 おひつじ座

やる気ポイントという意味もある火星と「さっさとやるぞ！　悩む時間がもったいない」という性格のおひつじ座がセットになった状態でトランジットチャートに入っている場合。ハウスのテーマに対して、かなり意欲的に取り組みます。もともと意欲的な性格であるおひつじ座にやる気ポイントの火星がセットになることで、動きたい衝動を抑えることが難しくなります。

Cancer

火星 かに座

意欲的に取り組むタイミングを意味する火星と「私の気持ちが大事」という性格のかに座がセットになってトランジットチャートに入っている場合。ハウスのテーマに対してやる気になるものの、外側から気持ちを急がすような人がいる場合は思うように取り組めなくなります。気持ちを尊重してくれる人に頼って心を安定させながら進めていくと、良い結果が生まれます。

Gemini

火星 ふたご座

意欲的に取り組むタイミングを意味する火星と「近所のパチンコ屋へ行くような感覚で動く」性格のふたご座がセットになってトランジットチャートに入っている場合。ハウスのテーマに対して、何をするにもフットワークが軽くなり、積極的に動く傾向になります。ただ、どれだけフッ軽でも度がすぎると体調を崩すことも。動いた時間と同じくらいの休息が必要です。

Virgo

火星 おとめ座

やる気ポイントという意味もある火星と「自分にも他人にもシビア」という性格のおとめ座がセットになってトランジットチャートに入っている場合。ハウスのテーマや関わる人や自分に対して、かなりシビアな姿勢で臨むようになります。ただ厳しいだけでなく、相手に対する配慮の頻度も増えます。そのため、気をつかいすぎて疲れていないかを常に意識すると良いでしょう。

Leo

火星 しし座

やる気ポイントという意味もある火星と「周りの意見は聞きますが、聞くだけ」という性格のしし座がセットになってトランジットチャートに入っている場合。ハウスのテーマに対して、周囲の意見は聞くものの、従うようなことはほとんどありません。少し頑固になることもありますが、そのぶん決断と行動が速くなり、求める結果を出しやすい時期とも言えます。

Scorpio

火星 さそり座

意欲的に取り組むタイミングを意味する火星と「腹をくくれば何でもできる」という性格のさそり座がセットになってトランジットチャートに入っている場合。ハウスのテーマに対して、覚悟を決めて達成するまで執念深く取り組み続けます。ただ、一度覚悟を決めると昼夜逆転現象が多発したり、1日1回の食事が当たり前になります。くれぐれも体調には気を付けて！

Libra

火星 てんびん座

やる気ポイントという意味もある火星と「同時並行作業は朝飯前」のてんびん座がセットになってトランジットチャートに入っている場合。ハウスのテーマに対して、複数のことが同時に発生しても難なくやり遂げられます。バランス感覚に優れるてんびん座はマルチタスクをこなすのが得意。1つのことに集中するよりも、多方面で活躍するくらいの気持ちを持ちましょう。

Capricorn

火星 やぎ座

やる気ポイントという意味もある火星と「労働ブルドーザー」という特徴を持つやぎ座。労働ブルドーザーとは、ブルドーザーのごとく、道に落ちているものを一気に片付けるという意味です。そんなやぎ座と火星がセットになってトランジットチャートに入っている時期は、ハウスのテーマで発生した問題や決めたことへ絶え間なく精力的に取り組む傾向に。この時期はちゃんと休みましょう。

Sagittarius

火星 いて座

意欲的に取り組むタイミングを意味する火星と「的を射るのが大好き！」といういて座がセットになってトランジットチャートに入っている場合。ハウスのテーマに設定した目標という名の的を落とすことに躍起になります。このタイミングは楽観的になるので、落ち込むこととは無縁。ですが、足元が疎かになることもあるため、指差し確認くらいはしましょう。

Pisces

火星 うお座

意欲的に取り組むタイミングを意味する火星と「働いている最中なのに体力自動回復」という特徴を持つうお座がセットになってトランジットチャートに入っている場合は、ハウスのテーマに対して積極的に取り組むことができます。同時にうお座の特異体質ともいえる体力自動回復が遺憾無く発揮され、無限に動き続けられるように。そのぶん望んでいる成果も得やすくなるボーナスタイミングです。

Aquarius

火星 みずがめ座

やる気ポイントという意味もある火星と「限界は超えてナンボ」という性格のみずがめ座がセットになってトランジットチャートに入っている場合。ハウスのテーマに対して「より良いものにしたい」という意図から、敢えて限界を超えるような極端な行動を起こすようになります。この時期はあなた自身をより成長させることにも繋がるため、果敢にトライするといいでしょう。

♃ 木星

ラッキーが訪れるタイミング

木星は、**『（ハウスのテーマに対して）ラッキーが訪れるタイミング』**という意味です。木星は、幸運の星と表現されることがあります。運勢占いにおいては、木星が入っているハウスのテーマに対して、幸運やラッキーが訪れやすくなるのです。

しかし、木星が持つラッキーの意味は、「宝くじを買ったら1等が当たった」というような棚からぼた餅のようなものではありません。誰かの喜びのために真摯的に行動をしてきたか、もしくは自分のためだけに行動をしてきたかによって、木星による幸運やラッキーを受け取れるかどうかが変わってきます。

木星が『基本的な性格や容姿』を意味する1ハウスに入っていた場合。基本的な性格にラッキーなことが訪れるという意味になりますが、このままでは意味が通じません。少し見方を変える必要があります。

どのように見方を変えればいいのかというと、あなたの性格や容姿に対して悩みがあった場合、その悩みがスムーズに解決できるようにラッキー星の木星が力を貸してくれると考えればいいのです。自分の性格や容姿に対して見直しをするのなら、木星の力を借りるのがおすすめだとも言えます。

Taurus

木星
おうし座

ラッキーが訪れるタイミングを意味する木星と「自分も楽しく！　あなたも楽しく！」という性格のおうし座がセットになってトランジットチャートに入っている場合は、ハウスのテーマに対して思わぬ幸運が訪れます。とにかくあなたが楽しく、そしてあなたと関わる人も楽しんでもらうことが大事！　ただ、木星は「哲学の星」とも言われ、ハウスのテーマに対して深掘りをすることもあります。

Aries

木星
おひつじ座

幸運星の木星がトランジットチャートに入っている時期は、ハウスのテーマに対してラッキーが訪れやすくなります。「なんかツイてるな」と思うことが多くなるわけですが、特に木星と一緒になっているおひつじ座の「ごちゃごちゃ考えんとさっさとやろうぜ」という男前な性格が発揮されているときに、数多くの幸運をキャッチできるようになるでしょう。

Cancer

木星
かに座

幸運星の木星と「ありがとうの一言が嬉しいからどこまでも頑張れる」という性格のかに座がセットになってトランジットチャートに入っている場合。ハウスのテーマに対して幸運がもたらされるのと同時に、自分よりも相手に愛情を注ぐ傾向が出ます。それにより、あなたから注がれた愛情に対して感謝をした人たちから大きな見返りが返ってくるのです。

Gemini

木星
ふたご座

幸運星の木星がトランジットチャートに入っている時期はハウスのテーマに対してラッキーが訪れやすく、物事がスムーズに運びます。このときは外へ外へと意識が向きやすくなるのと同時に、ふたご座の性格から生まれる「大切にしている友だち」からの援助が多くなります。そのため、個人戦よりも集団戦で挑んでいくと良いでしょう。

Virgo

木星
おとめ座

ラッキーが訪れるタイミングを意味する木星と「私にできることで役に立ちたい」という性格のおとめ座がトランジットチャートに入っている時期は、ハウスのテーマに対してあなたにできることを総動員して役に立てるように動くようになります。そのぶん、あっちこっち移動して忙しくなったりすることもありますが、あなたが出したリソースに対してたくさんのお礼が返ってくるでしょう。

Leo

木星
しし座

幸運星の木星と「大切な仲間のためならひと肌脱ぐ」という男前なしし座がセットになってトランジットチャートに入っている場合。ハウスのテーマで関わる人に対してラッキーが訪れやすくなります。そのうえで、あなたには仲間のためにひと肌脱ぐという傾向が出てきます。その男前さに感謝した人から、多くの手助けが入ることでしょう。

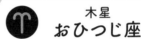

Scorpio

木星 さそり座

幸運星の木星と「究極の一点集中突破」という性格のさそり座がセットになってトランジットチャートに入っている場合。ハウスに何らかの問題が発生したとしても、他には目もくれずに突き抜けることをおすすめします。自称不器用が多いさそり座ですが、事がスムーズに流れる幸運星の木星が力を貸してくれるため、あっという間に問題解決できるでしょう。

Libra

木星 てんびん座

ラッキーが訪れるタイミングを意味する木星と「喜ばせ上手の最強幹事」という特徴を持ったてんびん座がセットになってトランジットチャートに入っている場合。ハウスのテーマや関わる人に対していかに他人を喜ばせられるのかと自らに問い、喜んでもらうためエスコート（幹事役）に回るようになるでしょう。散財する可能性もありますが、回収できるくらいの見返りが期待できます。

Capricorn

木星 やぎ座

ラッキーが訪れるタイミングを意味する木星と「兎《と》にも角《かく》にも結果で応える」という性格のやぎ座がセットになってトランジットチャートに入っている場合。ハウスのテーマに対して四の五の言わず、とにかく結果で応えるようになります。木星は発展と拡大を促してくれる天体でもあります。ハウスのテーマにおいて、望んでいる結果以上のものが出る可能性もあるでしょう。

Sagittarius

木星 いて座

ラッキーが訪れるタイミングを意味する木星と「期待を裏切りたくないから大風呂敷を広げる」という性格のいて座がセットになってトランジットチャートに入っている場合。ハウスのテーマに対して事がスムーズに流れるものの、期待を裏切りたくないという気持ちから大風呂敷を広げてしまうため、出ていくものも多くなります。ただ、それがきっかけで人望が生まれ、人に恵まれるでしょう。

Pisces

木星 うお座

幸運星の木星と「愛情100％！　私の持ってるものを全てあなたに注ぎます」という性格のうお座がセットになってトランジットチャートに入っている場合。ハウスのテーマに対して愛情を注げば注ぐほど、幸運が訪れるようになります。ですが、うお座も人間。愛情は無限に湧き出るものではないため、人から愛を注がれることも大切です。

Aquarius

木星 みずがめ座

幸運星の木星と「前へならえは御免。個性を打ち出すことが大事」という性格のみずがめ座がセットになってトランジットチャートに入っている場合は、ハウスのテーマに対してラッキーが訪れて発展します。その一方で、木星は拡大を促す天体でもあるため、いつも以上に「前へならえはホント御免。どんどん個性を打ち出していこう！」という意識がかなり強くなります。

土星

課題と成長が訪れるタイミング

土星は、**『(ハウスのテーマに対して)課題と成長が訪れるタイミング』**という意味です。土星は星よみの中で苦手意識やコンプレックスと言われることが多く、あまり好意的に思われていない天体です。

確かに、土星が入っているハウスのテーマに対して苦手意識を感じやすくなることはありますが、必ずしもその限りではありません。土星が持っている大器晩成という言葉に着目すれば、ハウスのテーマを成就するために時間はかかるものの、必ず成功すると見ることもできます。ただ、成功するために課題が多くなるという意味も含まれています。

そのため、土星が入っているハウスのテーマに対して、大変な思いをすることが多くなるかもしれません。だからこそ、土星の影響を強く受けているときは個人戦で頑張るのではなく、人に頼ることが重要になるのです。

「家族との関係性」を意味する4ハウスに土星が入っている場合は、家族の面倒を見ること、家族との関係に関する課題が多くなります。ただ、その課題をクリアすることによってあなたが成長し、より良い家族関係を築けるようになるでしょう。

Taurus

土星 おうし座

課題と成長を意味する土星がトランジットチャートに入っている時期は、ハウスのテーマに対して成長を促す課題が多くなります。もし、2ハウスに入っていれば、やりたいことで稼ぐことへの課題が増えます。「焦らずじっくり進めていく」というおうし座の性格を活かすことが、課題を乗り越えるときのヒントになると言えます。

Aries

土星 おひつじ座

課題と成長を意味する土星がトランジットチャートに入っている時期は、ハウスのテーマに対して成長を促す課題が多くなり、歯を食いしばることも増えるでしょう。ですが、このときに土星と一緒になっているおひつじ座の「やると決めたことをルーティン化するのは得意」という性格を活かすことで、課題をクリアし成長を遂げられます。

Cancer

土星 かに座

課題と成長を意味する土星がトランジットチャートに入っている場合。ハウスのテーマに対して成長を促す課題が訪れます。お金の稼ぎ方を占う２ハウスに土星が入っていたら、お金を稼げるようになるための課題が訪れるでしょう。その際は、かに座の「未知への挑戦は怖いけど気持ちを決めて一生懸命取り組む」性質を活かすのがおすすめです。

Gemini

土星 ふたご座

課題と成長を意味する土星がトランジットチャートに入っている時期は、ハウスのテーマに対して課題が多くなり、乗り越えることで成長できるでしょう。また、ふたご座が持つ「考え方を変えればピンチもチャンス」という変換力を活かすことが増えます。そのため、課題に対して「やりたくない夏休みの宿題」といった重たい認識はなくなり、楽しんで取り組めるはずです。

Virgo

土星 おとめ座

課題と成長を意味する土星がトランジットチャートに入っている時期は、ハウスのテーマに対して課題が多くなります。将来の生き方を占う９ハウスに土星が入っていると、その時期は将来設計に関する課題が増えます。このときにおとめ座の「緻密なデータ分析力」を活かして課題をクリアすることで、成長することができるでしょう。

Leo

土星 しし座

課題と成長を意味する土星がトランジットチャートに入っている時期は、ハウスのテーマに対して課題が多くなり、それを乗り越えることで成長を感じる体験をするでしょう。もし、家族関係を占う４ハウスに土星が入っていれば、介護など家族関係に関する課題が訪れます。「絶対諦めずにやり遂げる」というしし座の性格があなたを強力にサポートしてくれます。

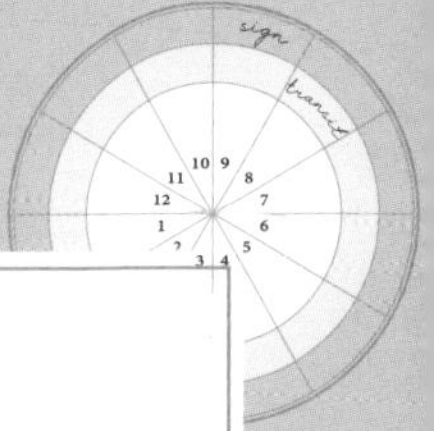

Scorpio

土星 さそり座

課題と成長を意味する土星がトランジットチャートに入っている時期は、ハウスのテーマに対して課題が増えます。友だちとの関係性を占う3ハウスに土星が入っていると、友人関係に関する課題が増えるといった具合です。そのときは、さそり座の「1対1で向き合うことが得意」という部分を活かすことでより良い関係を築くことができます。

Libra

土星 てんびん座

課題と成長を意味する土星がトランジットチャートに入っていると、ハウスのテーマに対して成長を促す課題に直面する出来事が多くなります。コミュニティを意味する11ハウスに土星が入っている場合。コミュニティで関わる人との関係性において課題が増えますが、てんびん座の「話を聞いて相手を理解する」性格を活かすことで解決できるでしょう。

Capricorn

土星 やぎ座

課題と成長を意味する土星は、ハウスのテーマに対して「成長を促す課題が多くなる」という影響を与えます。天職を見つける10ハウスに土星が入っている時期は、就きたい仕事を実現するための課題が増えると読めます。このときは、やぎ座の「一歩一歩着実に歩みを進めつつも、土台が固まれば臨機応変に動く」という性格を活かすことで天職を見つけられます。

Sagittarius

土星 いて座

課題と成長を意味する土星がトランジットチャートのハウスに入っている時期は、ハウスのテーマに対して「成長を促す課題が多くなる」というタイミングになります。12ハウスに土星が入っているときは、秘めている願望を実現するための具体的アクションを起こす課題が訪れます。そんなときは、いて座の「自ら全力を尽くして周りに全力で助けを求める」という性格を活かすと良いでしょう。

Pisces

土星 うお座

課題と成長を意味する土星は、ハウスのテーマに対して「課題を与え成長を促す」という影響を与えます。トランジットチャートの5ハウスに土星が入っている時期は、自分の理想の生き方やその実現の仕方に関して課題が訪れるでしょう。最終的には、うお座らしい「なるようになるさ！」という軽やかなスタンスで動くことが大切です。

Aquarius

土星 みずがめ座

課題と成長を意味する土星は、ハウスのテーマに対して「成長を促す課題が多くなる」という影響を与えます。基本的な性格を占う1ハウスに土星が入っている場合は、自分の性格や容姿について見つめ直すことが多くなります。そのときは、みずがめ座の「占いは自己分析のツールだ」と考える性格を活かし、客観的に物事を判断するといいでしょう。

天王星

アップデートするタイミング

天王星は、**『（ハウスのテーマを）アップデートするタイミング』**という意味です。アップデートとは、より良いものへと変えていくという意味です。

天王星の説明をするうえで、お話ししておかなければいけないことがあります。それは、天王星と、次のページ以降に登場する海王星、冥王星は、非常に動きの遅い天体であるということ（P29参照）。つまり、同じハウスに長く滞在することになります。どれくらい動きが遅いのかというと、匍匐《ほふく》前進でフルマラソンを完走するくらい遅いのです。

つまり、天王星が意味する「アップデートをするタイミング」というものが、かなり長いということ。1日の運勢、1週間の運勢、1ヶ月間の運勢を占うときには、天王星はほとんど使うことはありません。

しかし見方を変えれば、「長時間集中して取り組むことで、天王星が意味するハウスのテーマに対して大幅なアップデートが行われ、より良いものになる」と見ることもできます。そのため、全く扱わないというのはもったいない。

たとえば、天王星が『理想の生き方』を意味する5ハウスに入っているとしましょう。その期間は、もっと自分らしく生きていくために、生き方をアップデートする傾向が出てくると読むことができます。

Aries

天王星
おひつじ座

ハウスのテーマをアップデートさせる天王星がトランジットチャートに入っている時期は、アップデートをする一方でハプニングも起こりやすくなります。その際は、「後回しにせず、スピード重視でささっと片付ける」というおひつじ座の性格をどんどん使っていきましょう。それによりやり残しが生まれず、より良いアップデートを期待できます。

Taurus

天王星
おうし座

ハウスのテーマをアップデートさせる天王星と「やってみたらなんかできた！」という性格のおうし座がセットになってトランジットチャートに入っている場合。ハウスのテーマに対して大きな変化が訪れた際は、おうし座が持つなんとなくできちゃう性質を信じてトライするといいでしょう。ただ、おうし座は突然の変化が苦手なため、少しツラく感じることもあるかもしれません。

Gemini

天王星
ふたご座

ハウスのテーマをアップデートさせる天王星と「リサーチよりもアウトプットするのが好き」という性格のふたご座がセットになってトランジットチャートに入っている場合。ハウスのテーマをより良い状態へと変えていく段階で問題が発生したら、調べるのはそこそこにしてアウトプットするのがおすすめ。それにより知識がより磨かれることもあります。

Cancer

天王星
かに座

ハウスのテーマに磨きをかけるという意味もある天王星と「ハートが決まれば話は早い！　さっさと動こう！」という性格のかに座がセットになってトランジットチャートに入っている時期は、天王星の影響から思わぬアクシデントが増えるでしょう。気持ちが乱れることもありますが、基本的にかに座は心が決まれば永遠に動ける生き物。気持ちの波に乗ってしまえばうまくいきます。

Leo

天王星
しし座

ハウスのテーマに磨きをかけるという意味もある天王星と「実はちょっと遊び心を持ったお茶目な性格」のしし座がセットになってトランジットチャートに入っている場合。天王星がもたらすハプニングに対して、「なんか面白いことになってきましたねぇ」くらいの感覚で挑むのがベストです。また、発想力にも優れているため、突然の閃《ひらめ》きがグッドアイデアな可能性も。

Virgo

天王星
おとめ座

ハウスのテーマにアップデートをもたらす天王星と「なんか目に入っちゃう鋭い観察眼」という特徴を持つおとめ座がセットになってトランジットチャートに入っている場合。ハウスのテーマの中で発生している問題に対して「なんか気になる」と感覚的に感じたら、その問題に真摯に取り組むことでより良い状態へとアップデートすることができます。

天王星 さそり座

Scorpio

ハウスのテーマにアップデートをもたらす天王星と「この地球上に存在するどんな粘り気がある食品よりも粘り強い性格」のさそり座がセットになってトランジットチャートに入っている場合。世界一の粘り強さを持っていると自分を信じて、大きな変化や大きな成長をもたらす問題に取り組んでいきましょう。大丈夫！　必ずやり遂げてアップデートできます。

天王星 てんびん座

Libra

ハウスのテーマにアップデートをもたらす天王星と「本気の悩み事はコスパが良いからお金を払ってでも解決する」というスタンスを取りがちなてんびん座がセットになってトランジットチャートに入っている場合。問題の解決方法に困ったら、お金を払って専門家の力を借りることをおすすめします。そうすることで悩む時間は減り、アップデート速度も上がります。

天王星 やぎ座

Capricorn

ハウスのテーマにアップデートをもたらす天王星と「無駄は徹底的に省く！　コストは最低限で最高益を叩き出す」という性格のやぎ座がセットになってトランジットチャートに入っている場合。ハウスのテーマにある無駄を省いて時間という有限なリソースを最小限に注ぎ、最高の結果を出します。仕事関係のハウスの場合、特に影響を感じやすいでしょう。

天王星 いて座

Sagittarius

ハウスのテーマにアップデートをもたらす天王星と「常識を疑い自分にとっての常識を作る」という性格のいて座がセットになってトランジットチャートに入っている時期は、世間が作った常識を疑うようになります。また、あなたの中で「違う」と感じたら、あなたにとっての常識を作るようになるでしょう。ただ、あまりにも自由すぎる傾向にあるため、ハメの外しすぎに注意！

天王星 うお座

Pisces

ハウスのテーマにアップデートをもたらす天王星と「細かい理屈はいい。それより直感！」という性格のうお座がセットになってトランジットチャートに入っている時期は、細かい理屈は無視して直感に頼ってハウスのテーマのアップデートにいそしむようになります。縛るものが何もなくなるため、ゲームでいうところの無敵状態を維持し続けられるでしょう。

天王星 みずがめ座

Aquarius

ハウスのテーマにアップデートをもたらす天王星と「媚《こ》びぬ、群れぬ、我が道を行く」と独立心が強いみずがめ座がセットになってトランジットチャートに入っている時期は、他の誰ともかぶらないオリジナルの結果を生み出すことができます。必要に応じて一時的に人と集う性格もあり、連携技を活かしてハウスのテーマをアップデートすることも可能です。

海王星

ALL FOR YOUという気持ちが出てくるタイミング

海王星は、**『（ハウスのテーマに対して）ALL FOR YOUという気持ちが出てくるタイミング』**という意味です。慈愛の星と言われる海王星は、自分のことよりも、他人のことを優先するようになる傾向が出るようになります。

慈愛、ALL FOR YOUという言葉は、自分がどう思われるかを考えて向けるのではありません。お母さんとお父さんが愛する我が子を守るように、自分がどう思われるかよりも、我が子のことを何よりも優先して大事にする気持ちから生まれるものです。同時に、血の繋がりがない多くの人へ向ける愛情なのです。

これまでの説明を読むと、海王星はとても素晴らしい天体だと感じるかもしれません。ですが、海王星の意味するALL FOR YOUはときとして自己犠牲になることも。海王星が入っているハウスのテーマで関わる人に対して、自分を蔑《ないがし》ろにしてまでやりすぎてしまうこともあるので注意が必要です。

共通の趣味を持ったコミュニティを意味する11ハウスに海王星が入っているとします。この時期は、コミュニティで関わる人へあらん限りの愛情を注ぐようになるため、自己犠牲にならないよう注意も必要と読むことができます。

海王星 おひつじ座

Aries

海王星がトランジットチャートに入っている時期は、ハウスのテーマに対して「俺が愛したいから愛する！　それ以外に理由はない」という深い愛情が出やすくなります。一途であまりにも綺麗すぎる愛であるため、周りの人は驚くかもしれません。その淀みない一直線の愛に多くの人が助けられ、深い感謝の気持ちを抱かれるでしょう。

海王星 おうし座

Taurus

海王星がトランジットチャートに入っている時期は、ハウスのテーマに対して「相手のやり方を尊重し、じっくり育て上げる」傾向が出るでしょう。合言葉は、「急がば回れ」。将来の夢を占う 9 ハウスや、秘められた願望を鑑定する 12 ハウスにおいては、「そこに愛はあるのか？」と、慈愛ベースのマインドになる可能性があります。

海王星 ふたご座

Gemini

海王星がトランジットチャートに入っている時期は、ハウスのテーマに対して「ふたご座が収集した知識を人へ分け与える」というふうになります。「知識を得るためならどこへでもひとっ飛び」というふたご座の性格に、「誰かのために……」という海王星の性格が加わることで、愛に満ちた知識を届けるために奔走するようになります。

海王星 かに座

Cancer

海王星がトランジットチャートに入っている時期は、ハウスのテーマに対して「優しくもあり、厳しくもあるゴッドマザー」のようになります。これは対人だけでなく、自分自身にも向けられます。ただ甘やかすだけでなく、愛があるからこその本物の厳しさ。必要以上に厳しくなることもあるので、同時に労わることも大切にするべき時期だと言えます。

海王星 しし座

Leo

海王星がトランジットチャートに入っている時期は、ハウスのテーマに対して ALL FOR YOU の気持ちが出やすくなります。では、どのようにその深い愛情を示していくかというと、「言葉で伝える or 態度で示さなければ伝わらない！」がモットーのしし座の性格を活かすようになります。ただでさえ熱いしし座ですから、愛の熱量は半端なくなります。

海王星 おとめ座

Virgo

海王星がトランジットチャートに入っている時期は、ハウスのテーマに対して ALL FOR YOU の気持ちが出やすくなりますが、気持ちの伝え方はおとめ座的になります。つまり、「かゆいところに手が届くおとめの総合サポート愛」を発揮するようになり、特に忙しい人から重宝されます。ただ、自分の時間を犠牲にしすぎないことが大事。

海王星 さそり座

Scorpio

海王星がトランジットチャートに入っている時期は、ハウスのテーマに対してALL FOR YOUの気持ちが出やすくなります。かつ、さそり座の「ONLY YOU」という性格が合わさり、ディープな愛情を注ぐようになります。ただし、尽くしすぎてしまうとハウスのテーマで関わる人と共依存の関係になることもあるため注意が必要です。

海王星 てんびん座

Libra

海王星がトランジットチャートに入っている時期は、ハウスのテーマに対してALL FOR YOUの気持ちが出やすくなります。ただ、てんびん座がよくやる「周りに心配かけたくないから敢えて明るく気丈に振る舞う」という方法で愛情を示そうとします。そのため、悩み事があっても気軽に相談できなくなることも。気持ちをため込みすぎないように注意して。

海王星 やぎ座

Capricorn

海王星がトランジットチャートに入っている時期は、ハウスのテーマに対してALL FOR YOUの気持ちが出やすくなります。やぎ座は「優等生よりちょっとデキが悪くても、頑張っている人のサポートが好き」というタイプ。海王星やぎ座が入っているハウスのテーマにおいて、サポート依存症のような状態になることも。そのぶん、見返りも大きくなります。

海王星 いて座

Sagittarius

海王星がトランジットチャートに入っている時期は、ハウスのテーマに対してALL FOR YOUの気持ちが出やすくなります。そこに「人々に希望を与えるスーパーエース気質」のいて座が合わさることで、将来に対して希望を抱けない人を助け、希望を与えるように行動します。また、直感の海王星と合わさるため、インスピレーションが湧きやすくなります。

海王星 うお座

Pisces

海王星がトランジットチャートに入っている時期は、ハウスのテーマに対してALL FOR YOUの気持ちが出やすくなります。それだけでも愛情深いのに、さらに「あなたのためならいくらでも♡」という性格のうお座がセットになると、数多くの人に対してリソースを無尽蔵に注ぐことに。結果的に100億円渡して、1000億円をもらえるような状態に！

海王星 みずがめ座

Aquarius

海王星がトランジットチャートに入っている時期は、ハウスのテーマに対してALL FOR YOUの気持ちが出やすくなります。みずがめ座の「友だちは少ないが、知り合いは多い」という特徴を活かし、人を紹介したり、人脈をフル活用して相手を助けるようになるでしょう。このような傾向が出てきたら、海王星みずがめ座の影響と見て間違いないでしょう。

♇

冥王星

根本から見直して作り変えるタイミング

冥王星は、『（ハウスのテーマを）根本から見直して作り変えるタイミング』という意味です。よく冥王星は、破壊と再生とか、生と死と言われることがあります。でも、これだけでは「何か悪いことが起こるのかな」と心配になってしまいますよね。

確かに、冥王星が入っているハウスのテーマに対して、昨日までの私と今日の私がまるで違うといった、突然の大きな変化が起こることがあります。それは、より良い人生を送るために必要な一時的な痛みを伴うプロセスであり、長期的な目線で見れば結果オーライになることがほとんどです。

筆者である僕も、今はこうして書籍を執筆していますが、「はじめに」でも述べたとおり、一時期住む家がないという状況がありました。こうして多くの方に星よみをお届けできているのは、根本から見直して作り変える意味を持つ冥王星のサポートがあったからだと考えています。

冥王星が入っている場合は、ハウスのテーマで関わる人、出来事に対して、根本から見直して作り変えるようなイベントが起こります。一時的には痛みを伴いますが、良い結果になることがほとんどです。ですから不安に思う必要は一切ありません。

冥王星 おうし座

Taurus

冥王星がトランジットチャートのハウスに入っている時期は、ハウスのテーマに対して「おうし座の天才性·五感を活かして新しきものを創りあげる」傾向が出ます。五感とは目に見えない体感覚でのみ判断できるもの。同じ物を見て、全く同じ感覚を抱く人はいません。その感覚を形にすべく、何か創作活動に没頭するのも良い時期です。

冥王星 おひつじ座

Aries

冥王星がトランジットチャートのハウスに入っている時期は、ハウスのテーマに対して「なりふり構わずに突っ込んで新しきものに作り替える」ようになります。おひつじ座は野生児らしい観察眼を持っています。そのため、状況把握はするものの、衝動に対して素直に従って突き進むようになります。この時期は、スリル満点の日々になること間違いなし。

冥王星 かに座

Cancer

冥王星がトランジットチャートのハウスに入っている時期は、ハウスのテーマに対して「心底から信頼できる仲間とともに、新しいものへと作り替えるタイミング」になります。仕事関係のハウスでは仲間意識が強くなるうえ、愛の共同作業のような感覚で新しい物を生み出すことになります。個人戦ではなく、集団戦を意識すると良いでしょう。

冥王星 ふたご座

Gemini

冥王星がトランジットチャートのハウスに入っている時期は、ハウスのテーマに対して「これまで集めた知識を使って新たな発展をもたらす」と言えます。知識収集癖のあるふたご座の「脳内図書館」に貯蔵された膨大な知識を結集させ、「新しい物ができないかな？」と思案すれば、多くの人に喜ばれる新たな発展がもたらされるでしょう。

冥王星 おとめ座

Virgo

ハウスのテーマを根本から作り変える時期を占う冥王星と「とりあえずとしっかりの二刀流」という能力を持つおとめ座がセットになっている場合。ハウスのテーマを再建している最中に考えるべきところはしっかり考えますが、それ以上考えても仕方ないことに関してはとりあえずやってみる傾向が出てきます。ポイントは二刀流。どちらも活かしましょう。

冥王星 しし座

Leo

ハウスのテーマを根本から作り変える時期を占う冥王星と「実は割と体当たり系」という性格のしし座がセットになっている場合。冥王星の影響によって破壊と再生を余儀なくされたハウスのテーマに対して、目の前にある試練へ体当たりで挑むようになります。危険度は増すものの潔さが出るため、その姿勢を見て感動した人から助けが入ることもあるでしょう。

Scorpio

冥王星 さそり座

ハウスのテーマを根本から作り変える時期を占う冥王星と「昼夜逆転でも平気！不屈の精神で乗り切る」性格のさそり座がセットになっている場合。さそり座はほしい物に対してかなり強い執着心を見せることがあります。そのため、100％ハウスのテーマを作り変えられますが、冥王星による作り変えが終わる度に体調を崩しがちになります。

Libra

冥王星 てんびん座

ハウスのテーマを根本から作り変える時期を占う冥王星と「笑顔でコツコツ頑張る華麗な努力家」のてんびん座がセットになっているタイミングでは、ハウスのテーマを大きく作り変えていく際に、笑っているけれどその裏では徹底的に頑張る傾向が出てきます。てんびん座は理性と感性に優れているため、かなりスムーズに作り変えを終えられるはずです。

Capricorn

冥王星 やぎ座

ハウスのテーマを根本から作り変える時期を占う冥王星と「結果は出すものの絶妙な手抜き感」という不思議な能力を持つやぎ座がセットになっているときは、ハウスのテーマを作り変えることに責任を全うするかのように堅実に取り組みます。その一方で、手を抜くところは抜く器用な立ち回りをするようになるでしょう。ただし、ワーカホリック気質があるためやりすぎ厳禁！

Sagittarius

冥王星 いて座

ハウスのテーマを根本から作り変える時期を占う冥王星と「気まぐれで道草を食うのも人生の醍醐味《だいごみ》」という性格のいて座がセットになっている場合。明らかにヤバい状況なのに、縁側で日なたぼっこをしている猫のようにリラックスして見えたり、道草を食っている印象を与えがちです。しかし、このくらいの感覚のほうが、いて座の持ち味が消えないのでおすすめです。

Pisces

冥王星 うお座

ハウスのテーマを根本から作り変える時期を占う冥王星と「いきなり賢者モード」という謎のスキルを持つうお座。いきなり賢者モードとは、突然物事の本質や真理を突くことを意味しています。ハウスのテーマを再建していくうえで、努力しなくても必要な物事の本質がわかってしまい、それを実践したら上手くいくという流れになるでしょう。

Aquarius

冥王星 みずがめ座

ハウスのテーマを根本から作り変える時期を占う冥王星と「古き良き物を参考に新しきを生み出す」という性格のみずがめ座がセットになっているときは、根本から作り変えるうえでヒントになる「既にある物」に目を向けるようになります。それを参考にして、新しい物を生み出すことを意識しましょう。冥王星みずがめ座期は発想力が冴え渡りますので、絶対に大丈夫！

運勢占いにおけるハウスの役割
1 2 3
ホロスコープが12等分されていて、中心に1〜12の数字が振られているところがハウスだよ
10 9 8 7 6 5 4 3 2 1 12 11
1は1ハウスという感じで呼ぶよ
SSHS
1
P27で紹介した SSHS を使うと、太陽星座が必ず1ハウスに入るようになっているんだ
本当だ
でも、ハウスって英語で家っていう意味だよね？
HOUSE
運勢占いでハウスは、それぞれの家のルールって考えるといいよ
1ハウス
2ハウス
3ハウス
4ハウス
各ハウスに入っている天体やサインは、それぞれのハウスのルールに沿う生き方をするんだ
5ハウス
恋愛
占いたいことと同じテーマのハウスを探し、そこに入っている天体とサインを見れば、運勢の良い時期や、どう行動すれば良いのかがわかるんだ
パチパチ
拍手！
面白い！

運勢占いにおけるハウスの役割

ハウスを直訳すると「家」です。あなたの家《うち》にはあなたの家のルールがありますし、他所《よそ》のお家に行けば他所のお家のルールがありますよね。家だけでなく、会社に行けば会社のルールがあるように、人は身を置いている「シチュエーション」によってそのルールに従い、どのような振る舞いをするのかが変わってきます。具体的に言うと、「家の外にいるときは優しいのに、家の中に入った途端に身内には厳しい」というような感じです。

運勢占いにおいてハウスをどのように扱っていくのかについて説明します。**ハウスが家のルールを意味**することに変わりはありません。ハウスは全部で12あり、1ハウスは『あなたの基本的な性格』、2ハウスは『あなたの能力を活かしてお金を稼ぐ』などの意味があります。

あなたが、「仕事が上手くいくタイミングはいつだろうか?」と、未来を占いたいと思ったとします。その場合、まずは占いたい内容と合致するシチュエーションのハウスを選びます。仕事について占いたいのなら10ハウス。ダブルチャートホロスコープで10ハウスに入っている天体と星座を見れば、「仕事が上手くいくタイミングはいつだろうか? どのように行動すればいいのか」というように未来を占うことができます。

1ハウス あなたの基本的な性格

1ハウスは**『あなたの基本的な性格』**という意味です。この基本的な性格の中には、あなたの容姿（見た目）という意味も含まれています。1ハウスがあなたの性格にどのような影響を及ぼすのか、見た目にどんな影響を与えるのか、という点で鑑定をしていきます。

世の中にはポジティブな性格の人もいれば、ネガティブな人もいます。その差が生まれる原因は、1ハウスに入っているサインが違うから。容姿も縦に長くてスラっとした人もいれば、ふっくらしている人、筋肉質な人もいますよね。この違いも、1ハウスに入っているサインが違うことによる影響です。

1ハウスが意味する基本的な性格に魅力を意味する金星がセットになる時期は、性別を問わずにあなたの魅力が伝わりやすくなります。恋愛運という側面で見ることもできますし、老若男女から受け入れられると見ることもできます。

ただ、金星は趣味や楽しいことへの興味関心も象徴しているので、お金の使い方が荒くならないように意識しておくことも大切です。1ハウスから金星が抜けたとき、貯金が底をついてとんでもない状態にならないようにしてください。なるべくクレジットカードは使わず現金で決済するといったように、少しの工夫で改善することができます。

Moon

1ハウス
トランジットチャート
月

１ハウスに月が入っている場合は、知らず知らずの内に自分の性格や容姿に関することへ意識が向きやすくなります。普段は服装や髪型等に意識を向けることが少なかったり、自分の性格について考えたりしないのに、なぜかふとした瞬間に気になってしまう……。そのような場合は、１ハウス月の影響を受けていると思っていいでしょう。

Mercury

1ハウス
トランジットチャート
水星

コミュニケーションを意味する水星が基本的な性格を意味する１ハウスに入っている場合は、あらゆる場面において人とのコミュニケーションが円滑になります。普段は「思うように言葉が出てこない」と感じることが多い方でもスルスルと言葉が出てくるように。そのため、能動的なコミュニケーションができるようになる時期と読むことができます。

Venus

1ハウス
トランジットチャート
金星

基本的な性格を意味する１ハウスに魅力を意味する金星が入っているときは、あなたが大いに注目されるタイミングになります。１ハウスには恋愛の意味はなく、恋愛において大きな発展があるわけではありません。ただ、あなたの魅力が大いに発揮される時期であるため、好きな人がいるなら自信を持ってコミュニケーションをしていくことがおすすめです。

Sun

1ハウス
トランジットチャート
太陽

自分らしさを意味する太陽が基本的な性格の１ハウスに入っている場合は、あなたらしさを発揮するうえで最高のタイミングになります。普段は自分を出すことに遠慮しがちな人なら、「よくわからないけど、自分の意見を表現しやすいなぁ」という実感を抱くでしょう。自分らしさを突き詰めるのに最高の時期です。

Mars

1ハウス
トランジットチャート
火星

基本的な性格を意味する１ハウスに、やる気やアクティブの星、火星が入っている場合は、どんなことに対してもやる気に満ち溢れ、アクティブに動くようになるでしょう。普段は慎重派なのに、やけに大胆な行動に出る可能性も十分に考えられます。ただし、火星は「事故」も暗示しています。やりすぎには注意が必要です。

Jupiter

1ハウス
トランジットチャート
木星

1ハウスに物事を深く掘り下げることを意味する哲学の星、木星が入っている時期は、自分自身の性格について熟考することが多くなります。この時期がすぎた後は、「あなた少し変わったね」と周りの人から言われることでしょう。普段、あまり自分について深掘りする機会が多くない人の場合は、特に影響を受けやすくなります。

Saturn

1ハウス
トランジットチャート
土星

1ハウスにコツコツ頑張ることを意味する土星が入っている時期は、あらゆることに関して地道に取り組めるようになります。少し嫌な表現をすると「頑張りどき」ということ。結果を出すための本質はコツコツ頑張ること。目標に向かって頑張っているときは、土星があなたに力を貸してくれます。だから安心してください。

Uranus

1ハウス
トランジットチャート
天王星

天王星には「アップデートしたことによってオリジナリティある存在になる」という意味があります。1ハウスに天王星が入っている時期は、オリジナリティ溢れるアイデアが閃くことが多いでしょう。「普段はそんなに頭が冴えていないけれど、アイデアが湯水のように湧き出てくる！」というのなら、強く影響を受けていると言えます。

Neptune

1ハウス
トランジットチャート
海王星

1ハウスに海王星が入っている時期は、自分の利益ではなく、他人の利益を優先するようになります。それが故に、「良い人」「優しい人」という印象を持たれやすくなります。とても素敵なことではありますが、ときとして自己犠牲になってしまうことも。やりすぎないよう、くれぐれも注意をしてください。

Pluto

1ハウス
トランジットチャート
冥王星

根本から見直して作り替えるタイミングを意味する冥王星が1ハウスに入っている時期は、あなたという人間性が生まれ変わるようなビッグイベントが起こる可能性が高まります。「昨日までの私と今日の私がまるで違う」というような体験をすることも。この体験はより良い状態になるための肯定的な変化のため、恐れる必要はありません。

2ハウス

あなたの能力を活かしてお金を稼ぐ

2ハウスは『あなたの能力を活かしてお金を稼ぐ』という意味です。2ハウスについて才能という言葉で表現されることもありますが、才能とは他の人よりも秀でているもの。そして、能力とは物事をなし遂げる力。能力と才能、この2つの言葉を合わせると、あなたは他の人よりも秀でた才能を持ち、それを活かしながら物事をなし遂げることによってお金が稼げるという意味になるのです。

ざっくりいうと、好きなことで稼いでいけるということ。ただし、明るい未来を実現するためには頭に入れておかなければいけないことがあります。それは、人には向き不向きがあること。不向きだと思うところはどんどん人に頼ったり任せたりして、空いた時間をあなたが向いていること（好きなこと、やりたいこと）に集中的に使い、能力を伸ばしていくことが重要です。

自分のやりたいこと、それを活かしてお金を稼ぐことを意味する2ハウスにやる気ポイントを意味する火星が入っている時期は、やりたいことや稼ぐことに対して溢れ出るやる気が止まらない状態になります。結果を出しやすい時期と見ることができますが、その一方で火星はトラブルも暗示しています。事故やトラブルが起こらないように注意を払うことも大切です。

Moon

2ハウス
トランジットチャート
月

その日の気分を占うときに使う天体である月。自分のやりたいことでお金を稼いでいくという意味の2ハウスに月が入ることで「自分のやりたいことで稼いでいきたい」という気分になり、気持ちのままに自分のやりたいことを始めてしまう……なんてこともあるかもしれません。普段は熟考して決断する人の場合は、特に2ハウス月の影響を感じやすくなります。

Mercury

2ハウス
トランジットチャート
水星

あなたの能力を活かすことがお金を稼ぐことに直結する2ハウスにコミュニケーションを意味する水星が入ると、コミュニケーション力がアップしやすくなると考えられます。また、コミュ力を活かすことによって収入アップを望めるようになります。特に営業職や販売業の方にとっては、最高のタイミングになるでしょう。

Venus

2ハウス
トランジットチャート
金星

好きなことで稼いでいくことを意味する2ハウスにワクワクポイントを意味する金星が入っている場合は、好きなことで稼いでいくことに対してワクワクするようになり、前向きに取り組めるようになるでしょう。今現在やりたいことで稼いでいる場合は、収入アップを期待してもOK。ただし、お財布のひもが緩くなることもあり、散財してしまわないように注意が必要です。

Sun

2ハウス
トランジットチャート
太陽

太陽は今月のテーマを占うときに使われる天体です。その太陽が2ハウスに入ることで、ハウスのテーマ「あなたのやりたいことで稼いでいく」ということに対して集中的に取り組む時期と見ることができます。また、やりたいことで稼いでいきたいと思っているのなら、それを行動に移すのにベストなタイミングと判断することもできます。

Mars

2ハウス
トランジットチャート
火星

2ハウスに火星が入っている場合は、やりたいことに対してかなり積極的に取り組むようになったり、「稼ぎたい！」という欲求が強くなったりするでしょう。普段はやりたいことを抑えている人の場合は、「いいや、この際やっちゃえ！」と行動に移す傾向が出てきます。仕事に繋がる2ハウスですから、この時期に短期集中型で取り組むのもアリです。

Jupiter

2ハウス
トランジットチャート
木星

2ハウスに幸運の星、木星が入っている時期は、やりたいことで稼げるようになるチャンスが多くなります。「好きなことをやって生きていく！」というライフスタイルを実現したい人にとって最高のタイミングと判断できます。夢に描くライフタイルが決まっているのなら、果敢にトライすることを強く、強くおすすめします。

Saturn

2ハウス
トランジットチャート
土星

2ハウスに土星が入っている時期は、やりたいことで稼いでいけるように諦めず努力し続けられるようになります。ただ、土星には「課題」という意味が含まれるので、やりたいことで稼げるようになるために必要な課題が訪れやすくなると考えられます。ここを乗り越えることが重要。その際、個人戦にならないように周りの人に頼ることも大事です。

Uranus

2ハウス
トランジットチャート
天王星

2ハウスにアップデートを意味する天王星が入っている時期は「今のやり方をアップデートすることでより稼げるようになる」と読むことができ、その影響を受けやすくなります。アップデートをするということは、あなたの能力も大きく飛躍するということ。天王星が持つ力を信じて積極的に取り組んでいくと、良い結果に繫がるでしょう。

Neptune

2ハウス
トランジットチャート
海王星

2ハウスに海王星が入っている時期は「お金を稼ぐことよりも相手の喜びや笑顔が最大の報酬」という気持ちが強くなります。喜ばれることは素敵なことですが、やりすぎて「お金がない！」という事態にならないように注意が必要です。海王星は「直感」という意味もありますので、直感に任せてやりたいことを進めることも有効です。

Pluto

2ハウス
トランジットチャート
冥王星

2ハウスに冥王星が入っている時期は「今までは前と同じようにやって稼げていたけれど、そうはいかなくなった」という事態と向き合うことになります。このときに大変な体験をすることになりますが、その体験と真摯に向き合うことで大きな成長を遂げることができます。恐れずに2ハウス冥王星期をすごしてくださいね。

3 ハウス

友だちとの関係性

3ハウスは『**友だちとの関係性**』という意味です。星よみの本の中では人間関係とされることが多いのですが、学校、職場、家族など、どれも人間関係に当たります。3ハウスは本来、ふたご座が入っているハウスなので、自分の双子のような関係を築けるほどの仲良しさんを求めるという影響を受けます。そのため、3ハウスは友だちとの関係性ということになります。

以前、双子の兄弟から「お互いに相手が今日食べたいと思っているものがわかる」という話を聞いたことがあります。これは、相手が何に価値を置いているかを知っているからこそなせること。つまり、3ハウスの友だち関係とは、自分と同じような価値観を持っていることが判断基準になるのです。

運勢占いにおいて、慎重さを意味する土星が3ハウスに入っている時期は、土星の影響を受けて友だちと慎重に関わるようになります。また、土星は「厳しさ」の象徴でもあります。つい友だちの至らない部分に対して、「ちょっといい？」とチェックを入れてしまう可能性があります。やりすぎてしまうと、「○○せねばならない」というマインドに陥ってしまうため、少しだけ注意してください。「ここまでだったら大丈夫」と、具体的な基準を決めておくといいかもしれません。

Moon

3ハウス
トランジットチャート
月

気分を意味する月が「友だちとの関係」を意味する3ハウスに入っていることで、仲の良い友だちと会いたい気持ちが強くなります。月は安心感を抱くポイントでもあるため、友だちと会うことで気持ちが安定することもあるかもしれません。普段はあまり友だちと会うことはしない人にとっては、「いつもはこんな気持ちにはならないんだけどな」と、影響を感じることでしょう。

Mercury

3ハウス
トランジットチャート
水星

興味ある学びの部屋という意味もある3ハウスに思考を意味する水星が入ると、興味ある学びに対して思考が向きやすくなるでしょう。同時に、それを学び始めるのには最適なタイミングとも読むことができます。何か新しい学びを始めたいと考えているときには、この時期に「やろう！」と決めて学び始めると良い結果を得られます。

Venus

3ハウス
トランジットチャート
金星

友だちとの付き合いを意味する3ハウスに、ワクワクポイントを意味する金星が入っている場合は、友だちと会う回数が増えます。普段はあまり人と会ったり遊ばないタイプであれば、特に金星の影響を感じることがあるでしょう。また、金星にはお金の意味もあります。「友だちと遊びすぎちゃって今月はお金が足りない……」ということがないように注意してください。

Sun

3ハウス
トランジットチャート
太陽

3ハウスは初等教育と表現されることも多くあります。これをもう少し噛み砕いて説明すると、「前々から学んでみたいと思っていた興味のある学び」と表現できます。運勢占いにおいて3ハウスに太陽が入っている場合は、以前から学びたいと思っていたことに対して取り組む最高のタイミングであると読むことができます。

Mars

3ハウス
トランジットチャート
火星

興味ある学びという意味もある3ハウスに火星が入っている時期は、学びに対してかなり能動的になります。この時期は火星の勢いを使って一気に学びを深めることも可能ですが、それよりも本を目次から片っ端から読みあさって実践しまくるような感じになります。興味ある学びがある人にとっては最高の時期です。

Jupiter

3ハウス
トランジットチャート
木星

身近な人間関係という意味もある3ハウスに深掘りする傾向にある木星が入っている時期は、友人関係について深く考えることが多くなります。星よみの中で木星は「善悪」という意味を持っています。そのため、悪い癖を持った友人との関係を見直し、お互い良い関係を築ける人と関わるようになるでしょう。マナーが悪いと感じる人との付き合いは避けがちになります。

Saturn

3ハウス
トランジットチャート
土星

身近な人間関係という意味もある3ハウスに土星が入っているときは、友人関係に関して向き合うべき課題が訪れます。この言葉だけを切り取るとちょっと重たく感じるかもしれませんが、ご安心ください。土星には大器晩成という意味もあります。つまり、課題と向き合えば必ず成功して良い結果が生まれるという性質を持っているのです。

Uranus

3ハウス
トランジットチャート
天王星

3ハウスにアップデートを意味する天王星が入っている時期は、「友だちとの関係を大きく変えていくとき」ということになります。残念ながら、これまで仲良くしていた友だちと離れ離れになることがあるかもしれません。もちろん、より良い関係を築けることもありますが、離れた場合は「必要な別れ」だと思うことが大切です。

Neptune

3ハウス
トランジットチャート
海王星

海王星が3ハウスに入っている場合は「友だちに対して掛け値なしの愛情を注ぐようになる」という傾向が出てきます。友だちから「なんか最近、優しくない？」と言われることが多くなるでしょう。「友だちが恋しいなぁ」「友だちに対して何かやってあげたい」と感じたときは、3ハウス海王星の影響を受けていると見て間違いないです。

Pluto

3ハウス
トランジットチャート
冥王星

3ハウスに冥王星が入っているときは、友だちとの関係を根本から見直すタイミングです。この時期にこれまで仲が良かった人と会えない関係になることもありますが、ぶつかり合うことによって生涯を通して共にいられる友人になることもあります。冥王星は怖い天体に思われがちですが、決してそんなことはありません。ご安心ください。

4ハウス 家族との関係性

4ハウスは『**家族との関係性**』という意味です。この4ハウスの家族が意味する範囲は、血縁関係にある家族はもちろん、あなたが結婚して作った家族、家族同然に付き合えるような〝身内認定〟した親友も含まれます。

身内認定した親友と、3ハウスが意味する友だちとの区別で迷う人もいるかもしれません。その境界線を具体的にたとえるのなら、ノーメイク時の〝すっぴん〟を見せられる関係であるかどうかであり、仕事の弱音を吐き出せる関係であるかどうかということです。

課題を意味する土星が4ハウスに入っている時期は、土星の影響が家族関係に訪れるようになります。この課題について運勢占いでよく言われるのが、「家族の介護」です。これはあくまでも代表例なので、必ずしも「家族の介護」が訪れるわけではありません。課題は家族との関係性だったり、家族間の金銭問題だったりさまざまです。この時期に課題と一生懸命向き合うことはとても大切ですが、頑張りすぎは禁物。土星には「一人で頑張る」という傾向があり、その影響を受けやすくなります。一人で抱え込みすぎず、アドバイザーや友人の力を借りるようにしてください。頑張りすぎるのは絶対にやめましょう。

Moon

4ハウス
トランジットチャート
月

4ハウスに月が入ることで、月が持つ気分の影響を受けるようになります。そのため、家族や親友と一緒にすごしたいという気分になったり、家の中にこもりたいという気持ちになったりすることがあるでしょう。特に月が結び付くサインの影響を受けやすくなります。たとえばそれがふたご座なら、話を聞いてもらえると嬉しい気分になります。

Mercury

4ハウス
トランジットチャート
水星

4ハウスにコミュニケーションを意味する水星が入っているときは、心許せる家族や身内と会話をする機会が多くなるでしょう。水星が4ハウスに入るまでは、「最近、家族や身内とあまり会話していなかった」と思っていた人ほど、4ハウス水星の影響を感じやすくなるでしょう。この時期に身内だけのぶっちゃけトークをするのも面白いかもしれません。

Venus

4ハウス
トランジットチャート
金星

4ハウスにワクワクポイントを意味する金星が入っている場合は、その期間中に家族サービスや親友との付き合いが増えるでしょう。また、金星はお金を意味しているため、家族や親友に対してお金を使う機会が増えるかもしれません。大盤振る舞いをして浪費しまくらないよう、注意が必要になります。対策としてお財布を信頼できる人に預けてしまうのもいいかもしれません。

Sun

4ハウス
トランジットチャート
太陽

4ハウスは家族（実の親、結婚して作った家族）や親友との関係について占うハウスです。そこに今月のテーマを占う太陽が入っている場合は、家族や親友との関係をより良いものにするために最適なタイミングと読むことができます。既に結婚をしている人にとっては、理想的な家族関係を築くために良い時期と言えるでしょう。

Mars

4ハウス
トランジットチャート
火星

4ハウスに火星が入っている期間は、家族や親友と積極的に関わるようになります。ただ、火星にはトラブルという側面もあります。「親しき仲にも礼儀あり」という言葉がありますが、それを忘れてしまう可能性もあります。この時期に距離が近しい人と関わるときには、行きすぎたことをしないよう注意が必要です。

Jupiter

4ハウス
トランジットチャート
木星

深掘りするという意味のある木星が4ハウスに入っている時期は、家族や親しい友人との関係における「あり方」について深掘りして考えるようになります。あなたがどのように関わることがお互いにとって良いことなのかを日々考えすぎるほど考えてしまうでしょう。その結果、お互いの関係が良い形で深まることに繋がります。

Saturn

4ハウス
トランジットチャート
土星

4ハウスに土星が入っている場合は、家族関係や親友との関係において課題が多くなります。よくいわれるのは家族の介護ですが、土星には家を安定させるという意味もあるため、必ずしも介護問題が起きるとは限りません。土星が入っているハウスは、個人戦より集団戦で挑むことがカギ。頼れる人にはとことん頼ることが大切です。

Uranus

4ハウス
トランジットチャート
天王星

4ハウスにアップデートを意味する天王星が入っている時期は、家族や身内認定できる親しい友人との間に大きな変化が訪れる可能性があります。また、4ハウスは「家」の象徴でもあるので、住宅を購入したり、引っ越しをする可能性もあります。家族関係における大きな変化が訪れたときは、きちんと膝を突き合わせて話し合うことが大切です。

Neptune

4ハウス
トランジットチャート
海王星

海王星が4ハウスに入っている場合は、家族や親しい友人に対して見返りを求めない愛情を注ぐ傾向が出てきます。ただ、相手が愛を受け取ることに対して課題を抱えていると、あなたが注ぐ愛情が大きければ大きいほどすれ違いが生まれることもあります。この時期は相手のスタンスを尊重しながら行動することが大切です。

Pluto

4ハウス
トランジットチャート
冥王星

4ハウスに冥王星が入っている時期は、家族や親友との関係を根本から見直す時期になります。このような文章を読むと「離れ離れになるのか？」と不安に思うかもしれませんが、そうではありません。この期間は、冥王星を通じて家族や親友とどのように向き合うのかがテーマになります。真摯に向き合えば、より良い関係を築くことができます。

5 ハウス

自分はどのような人間として生きていきたいのか

5ハウスは**『自分はどのような人間として生きていきたいのか』**という意味です。星よみでは5ハウスの解説にアイデンティティという言葉が出てきます。このアイディンティティという言葉を、爆発的に流行った映画の言葉に置き換えると、「ありのままの自分」になります。

思春期に「何のために進学しないといけないのかな？」「数学を学んだところで結局は何の役に立つのだろう？」と、疑問に思ったことがある人も多いはず。このプロセスを経ることでいつの日か、「自分はこういうふうに生きていきたい」「〇〇として生きていきたい」という確たる答えを見出し、理想とする自分自身を生きていくようになります。

哲学の星である木星が5ハウスに入っている時期は、哲学者が生きることの本質を深掘していくように、理想の自分について深く考えを巡らすようになります。それにより生き方に対する考えに深みが生まれますが、1日24時間オープンのコンビニ状態で考えてしまうためオーバーヒート状態に。深く考えること自体は悪いことではありませんが、考えると同時に動くことができて初めて変化が起こることを忘れずに。考えすぎてしまうようなら、メンターとなるような人へ相談するといいでしょう。

Moon

5ハウス
トランジットチャート
月

5ハウスが意味するのは自分の生き方を見つめる場所。そこに無意識を象徴する月が入ることによって、無意識に自分の生き方に関して考えることが多くなります。普段は「なるようになるさ」といったように楽観的なスタンスを取る傾向が多い方は、その変化を顕著に感じやすくなります。そんなときは一人の時間を取り、じっくり自分と向き合うことも大事になるでしょう。

Mercury

5ハウス
トランジットチャート
水星

人としての自分の生き方や人生の送り方を占う5ハウスに思考を意味する水星が入っていた場合は、あなた自身の生き方や今後の人生について考えることが非常に多くなります。このとき一人で考え込んでしまう癖がある人は、客観的な意見を取り入れていくといいでしょう。それにより、「堂々巡りになって頭が疲れてしまう……」ということを避けられます。

Venus

5ハウス
トランジットチャート
金星

5ハウスに金星が入っている時期はズバリ恋愛をするうえで最高のタイミングです。5ハウスには「恋愛」という意味がありますし、金星は性的な魅力を意味するからです。「恋愛運がいいのはいつ？」と気になったら、金星が5ハウスに入る時期を探してみましょう。金星は約1ヶ月間、同じハウスに滞在し続けます。好きな人にアタックをするのならこの時期にしましょう。

Sun

5ハウス
トランジットチャート
太陽

5ハウスは、あなたがどのような人生を送りたいのか、どんな人間として生きていきたいのかを占うハウスです。そこに月間の運勢を占うときに使う太陽が入っている場合は、よりあなたらしい生き方や人生を見つけるのに最高のタイミングと判断していいでしょう。普段は生き方や人生に迷いを感じることが多い場合は、この時期は星が味方をしてくれます。

Mars

5ハウス
トランジットチャート
火星

恋愛や娯楽という意味もある5ハウスに火星が入っていると、娯楽や楽しいことに没頭したり、かなり情熱的な恋愛をしたりするようになるでしょう。積極的にアプローチができるのは良いことですが、ときと場合によってはやや一方通行なアプローチになる可能性も。普段が少し奥手なタイプなら、その変化をかなり敏感にキャッチできるでしょう。

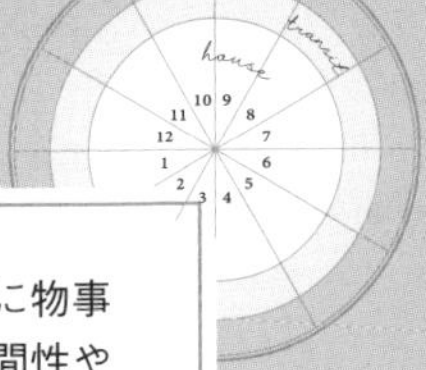

Jupiter

5ハウス トランジットチャート 木星

自分はどのように生きていきたいのかを意味する5ハウスに物事を深掘りしていく木星が入っている時期は、自分自身の人間性や生きる目的といった人生の根幹についても思案に暮れるようになります。このタイミングで思うような答えが出ないときは、メンターとなりうる人に相談するのがおすすめです。

Saturn

5ハウス トランジットチャート 土星

5ハウスに課題を意味する土星が入っている時期は、生き方や人生と向き合う課題が多くなります。結局のところ、生き方と人生はイコールです。自分はどのように生きていきたいのかという人生の大きな課題と真摯に向き合い答えを導くために自己分析にコツコツと取り組むことによって、このタイミングであなたらしい生き方に対する答えが出ます。

Uranus

5ハウス トランジットチャート 天王星

アップデートを意味する天王星が5ハウスに入っていたら、あなたの生き方を大きく変えていく時期だと占えます。天王星は「アップデートをする中でさまざまなハプニングが起こる」という意味もあります。そのため、思わぬところでびっくりするようなことが起こる可能性も。この時期はハプニングを楽しむくらいの気持ちでいるのがベストです。

Neptune

5ハウス トランジットチャート 海王星

5ハウスに慈愛の星である海王星が入っている時期は、「愛ある人間として生きていきたい」という気持ちが強くなります。少し大袈裟な言い方になりますが、「愛に殉ずる人」になる傾向が出てきます。このタイミングで大切なのは、人のことだけでなくあなた自身を大切にすること。自分を蔑ろにして愛を注ぐ行為には早い段階で限界が訪れます。

Pluto

5ハウス トランジットチャート 冥王星

5ハウスに冥王星が入っている場合は、あなたの生き方や人生観に対する大きな転換期になると読むことができます。この時期にガラッと生き方を変えたり、人生の方向性を変えたりするような出来事が起こります。結局、生き方の満足度と人生の満足度はイコールなので、この変化を良い意味として解釈したほうがいいでしょう。

6 ハウス

仕事もプライベートも充実できる理想の働き方

6ハウスは**『仕事もプライベートも充実できる理想の働き方』**という意味です。また、労働と健康という言葉で表現されることもあります。この2つを合わせると、「労働をするうえで健康も大事だよ」という意味になります。では、健康を維持するためにはどうすればいいのでしょうか。それは、ちゃんとプライベートの時間を作って、仕事以外の時間も充実させればいいのです。

6ハウスでは仕事もプライベートも充実できる理想の働き方を占うことができます。理想の働き方といっても、年収1500万円もらえれば休みは年間わずか数日でもいいという人もいれば、「いやいややや。休みがないとか何のために働いてるの？だったら年収300万円で週3日あるほうがいい」という人もいます。つまり、理想の働き方は人それぞれ異なるのです。

今月のテーマや総合運を意味する太陽が6ハウスに入っている時期は、仕事とプライベートの両方を充実させるために絶好のタイミングだと読むことができます。これまでの生活を振り返り、仕事ばかりを重視していないか、プライベートに重きを置きすぎていないか、一度確認してみるといいでしょう。そのうえで足りない部分を補うようにすると良いでしょう。

Moon

6ハウス
トランジットチャート
月

6ハウスは仕事とプライベートが両立するために必要な「健康」を占うハウスです。無意識を象徴する月が入っている場合は、仕事とプライベートを両立させるために必要な健康、つまり働き方に関して意図せずに意識が向きやすくなるということになります。もし、体の調子が悪いと感じているのなら、働き方の見直しをするのも良いでしょう。

Mercury

6ハウス
トランジットチャート
水星

仕事もプライベートも充実できる働き方を意味する6ハウスに思考の水星が入っている場合は、「どういうふうに働きたいのか」「仕事人としての私とプライベートの私」というバランスについて、かなりの頻度で考え込むようになります。普段は仕事とプライベートの両立に関して無関心な人ほど、6ハウス水星の影響を実感しやすいでしょう。

Venus

6ハウス
トランジットチャート
金星

ボランティアという意味もある6ハウスにワクワクポイントを意味する金星が入っている場合は、対価を求めずに（もしくは極めて少額で）活動をすることに楽しさを感じやすくなります。額に鉢巻を巻いて精力的に活動をするというより、「単純に楽しいからやっている」という感じです。普段はボランティア活動をしない人ほど、その影響を感じやすくなります。

Sun

6ハウス
トランジットチャート
太陽

仕事とプライベートを両立できる働き方を意味する6ハウスに太陽が入っている場合は、あなたらしい理想の働き方を実現するためにベストなタイミングだと読むことができます。これまで自分の気持ちを騙しながら働いてきた人は、「働き方を変えちゃえ！転職！」と、大きな決断をする可能性も十分に考えられます。

Mars

6ハウス
トランジットチャート
火星

働き方や健康を意味する6ハウスに火星が入っている時期はアクティブに働くようになる一方で、過度な働き方になって健康に関するトラブルが発生する可能性があります。アクティブに働くこと自体はいいことですが、健康を損ねてしまっては元も子もありません。この時期は何もなくても働くようになりますので、休むことを意識しましょう。

Jupiter

6ハウス
トランジットチャート
木星

6ハウスに深掘りを意味する木星が入っている時期は、理想の働き方や労働に対してちゃんとした対価があるかどうか、この2つについて真剣に考えるようになります。どれだけ理想の働き方であっても、報酬がもらえないのであれば働き続けることはできなくなるからです。ボランティアにならないように注意してください。

Saturn

6ハウス
トランジットチャート
土星

6ハウスに課題を意味する土星が入っている時期は、仕事とプライベートの満足度が高い働き方を実現するために課題と向き合うことになります。この時期は一人で課題にコツコツ取り組むよりも、あなたにとって理想の働き方をしている人の意見を参考にするほうがいいでしょう。それにより確実に結果を出すことができます。

Uranus

6ハウス
トランジットチャート
天王星

6ハウスに天王星が入っている場合は、理想の働き方を実現するために大きな決断や行動を起こすときが来ていることを意味しています。さまざまな働き方を試すように転職を繰り返す場合もあるかもしれません。それにより徐々にデータが蓄積されていき、理想の働き方を実現できるようになるでしょう。

Neptune

6ハウス
トランジットチャート
海王星

6ハウスに海王星が入っている時期は、利己的ではなく利他的な働き方をするようになる傾向が強まります。わかりやすく言うと、究極のボランティアという言葉がぴったりかもしれません。ただ、自己犠牲にならないようにどれくらいの報酬がほしいのかを明確にしたうえで、愛に基づいた働き方を選択することが大切なタイミングです。

Pluto

6ハウス
トランジットチャート
冥王星

冥王星が6ハウスに入っているときは、理想の働き方を実現するために突飛な行動を起こすことも。「いきなりで申し訳ないけど、今日から転職します！」というようなことさえ起こります。冥王星の影響で自分の意志で動くというよりも、何者かによって衝動的に突き動かされる傾向が目立つようになります。

7 ハウス

家の外で出会う人たちとの関係性

7ハウスは『家の外で出会う人たちとの関係性』という意味です。家の中にいるときと外に出たときでは、あなたの性格や態度は違うはずです。家の中ではいつもだらけていても、外に出るとしっかり者になる人もいます。

このような違いが生まれるのは、家の外で出会う人たちとはお互いの名前も素性もわからない「初めましての関係」だから、失礼がないように礼儀正しく接するわけです。星よみでは7ハウスのことを社交性と表現することがありますが、これは初対面の人と今後の関係を繋げるため、社交性を発揮して失礼がないように礼儀正しく振る舞うためです。

7ハウスは家の外で出会う人のほとんどが対象になります。そこにコミュニケーションを意味する水星が入っている時期は、初対面の人に対しても臆することなく普通にコミュニケーションが取れるようになります。

7ハウスは結婚相手との出会いも意味しています。人生のパートナーを探している人は、この時期に婚活に励んでみるといいかもしれません。いつもは口下手でも普段よりスムーズに話せるようになり、「連絡先を交換して今度会いましょう」となる可能性もあります。

Moon

7ハウス
トランジットチャート
月

社交性を意味する7ハウスに気分を意味する月が入っている場合は、家の中にいるよりも家の外に飛び出して行きたい気分になることが多いようです。普段はインドア派なのに、「外出したいなぁ」というように外に意識が向かっている場合は、7ハウス月が影響を与えていると見て間違いありません。

Mercury

7ハウス
トランジットチャート
水星

7ハウスはパートナーシップを占うときにも使うハウスです。このパートナーシップとは必ずしも結婚相手のことではなく、ビジネス上のパートナーも含まれます。思考を意味する水星が7ハウスに入っていれば、パートナーシップについて考えることが多くなります。これから先、どんな人と一緒になりたいのかを考えるベストな時期と言えるでしょう。

Venus

7ハウス
トランジットチャート
金星

家の外で活動しているときという意味もある7ハウスに金星が入っていると、家の中にいるよりも外で活動するほうが楽しい！という気持ちになりがちです。そのため、金星が7ハウスに入っているタイミングでは、外に出ると陽気な人という印象を与えやすくなるでしょう。金星は楽しいことを大切にするため、堅苦しい人と関わることは苦手になるかもしれません。

Sun

7ハウス
トランジットチャート
太陽

7ハウスは社交性という意味もあるハウスです。そこにあなたらしさを意味する太陽が入っている場合は、家の中にいるよりも外に出て活動しているほうがあなたらしさを発揮しやすくなります。普段は家の中にいることが多い人は、意識が社会（外）へと向きやすくなります。多くの人と関わるのに最適なタイミングだと言えるでしょう。

Mars

7ハウス
トランジットチャート
火星

パートナーシップという意味もある7ハウスに火星が入っている時期は、パートナーと一緒に行動するときにあなたが積極的にリードするようになります。これは、あなたに火星の勢いが味方をしているためです。しかし、火星はトラブルの暗示でもあるので、パートナーとの距離が開きすぎないように気を付けることも大事になるでしょう。

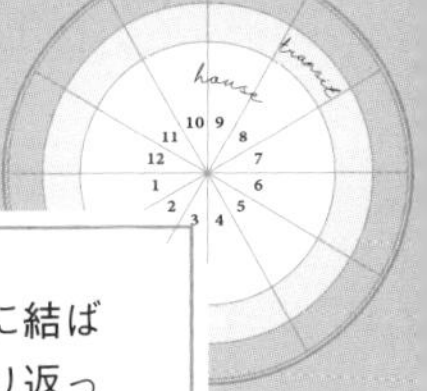

Jupiter

7ハウス トランジットチャート 木星

7ハウスに深掘りを意味する木星が入っている場合は、既に結ばれているパートナーとの関係性について今一度きちんと振り返って考えることが多くなります。また、木星は幸運の星でもあるため、7ハウスに木星が入っている時期はパートナーシップに恵まれやすくなるとも読むことができます。

Saturn

7ハウス トランジットチャート 土星

7ハウスに課題を意味する土星が入っている場合は、家の外で出会った人たちとのコミュニケーションに関する課題が多くなります。課題に対して土星の力を借りてコツコツと取り組んでいくため、結果的に社交性が高くなります。その結果、社会で人と関わることにストレスを感じなくなり、どんな人とも信頼関係を築けるようになります。

Uranus

7ハウス トランジットチャート 天王星

7ハウスにアップデートを意味する天王星が入っている時期は、家の外で出会う人との関係を築き上げていくことでパートナーシップを結ぶことができるようになります。このパートナーシップにはビジネスパートナーも含まれます。また、既にパートナーシップを結んでいる人たちとの関係を考え直す時期でもあり、新たなパートナーと出会うことも考えられます。

Neptune

7ハウス トランジットチャート 海王星

家の外で出会う人との交流がテーマになっている7ハウスに海王星が入っている時期は、会う人に対して愛情を注ぐようになります。そのため、「家族に対してはこんな気持ちにならないのに」と、感じることもあるでしょう。決して悪い意味ではなく、いつもお世話になっている人たちへの感謝だと捉えてください。

Pluto

7ハウス トランジットチャート 冥王星

家の外で出会う人たちとの関係性を意味する7ハウスに冥王星が入っている時期は、人に会うたびにお互いの関係に大きな変化が起こるような出来事がたくさん起こります。あまりに頻繁に起こるため、人と関わることに疲れてしまうこともあるかもしれません。しかし、その体験を通じてあなたを心の底から理解してくれる良きパートナーに巡り合うこともあるでしょう。

8ハウス

特別な人との1対1の関係性

8ハウスは『特別な人との1対1の関係性』という意味です。ここでいう特別な人について、7ハウスの社交性を踏まえて考えると理解しやすくなります。まず、家の外を意味する7ハウスで数多くの人たちと出会うわけですが、その中で不思議と気の合う人が出てきます。それが、8ハウスでいうところの特別な人です。

「特別な人認定」をするのは、結婚相手や慕っている先生かもしれませんし、上司かもしれません。その人とは、他の誰にも邪魔されずにすむのなら、2人きりで話したいと思うはずです。

慈愛の意味を持つ星・海王星が8ハウスに入っている時期は、あなたにとって特別な人に対してあらん限りの愛情を注ぐようになるでしょう。海王星は1つのサインに14年間も滞在するため、長期間に渡りありとあらゆる愛情を注ぐことになります。

その点だけみるととても素敵な感じがしますが、海王星には「お互いの境界線が曖昧になる」という意味もあります。相手に尽くすだけの関係にならないよう、自分軸を持つことが大切です。

Moon

8ハウス
トランジットチャート
月

あなたと私だけが関わるディープな関係性という意味もある８ハウスに気分を意味する月が入っている場合は、あなたにとって特別な人と２人きりで関わりたくなるという、ちょっとディープな気分になりやすくなります。普段はドライな人であればあるほど、８ハウス月の影響を感じやすくなります。その一方で戸惑いを感じるかもしれません。

Mercury

8ハウス
トランジットチャート
水星

８ハウスは、あなたにとって特別な人との関係性を占うときに使います。そこにコミュニケーションを意味する水星が入っている場合は、「もっとあの人と話したいな」「あの人、どうしているかな」と、特別な人と話したくなるでしょう。ただ、これに恋する乙女的な意味や恋愛要素はなく、どちらかというと冷静に相手のことを考えるようになります。

Venus

8ハウス
トランジットチャート
金星

特別な人と個室居酒屋で２人きりという場面を連想させる８ハウスにワクワクポイントを意味する金星が入っている時期は、「2人きりで話したい！」という気持ちが強くなります。８ハウスが意味する特別な人というのは、結婚を考える相手の可能性もあります。その人との結婚を視野に入れている場合は、結婚運急上昇中とみて間違いありません。

Sun

8ハウス
トランジットチャート
太陽

８ハウスは特別な人との関係性を意味しているので、運勢占いにおいて太陽が８ハウスに入っている場合は、あなたが特別視している人とディープな関係を築くうえで最適なタイミングと読むことができます。その一方で、その人と関わることによって、姿見のようにあなたらしさを摑んでいくタイミングでもあります。広域な人間関係よりも、サシの関係が鍵になります。

Mars

8ハウス
トランジットチャート
火星

特別な人との繫がりという意味もある８ハウスに火星が入っている時期は、特別な人と積極的に関わるようになります。その一方で、あなたがグイグイ行きすぎてしまった結果、人として超えてはいけない一線を超え、トラブルになることも。この点だけ気を付けておけば互いの深い内面を知り合うことができ、仲が深まったり、新しい発見もあるでしょう。

Jupiter

8ハウス
トランジットチャート
木星

あなたにとって特別な人との関係性を意味する8ハウスに深掘りするという意味の木星が入っているときは、2人の関係性について深く考えるようになります。夫婦関係や人として深い繋がりを実感している相手との関係性をより良い形にするために、最適なタイミングだと言えます。ただ、考えを言葉にしなければ伝わらないため、口に出すことが大切です。

Saturn

8ハウス
トランジットチャート
土星

他の誰も存在しないあなたと私だけの関係性という意味もある8ハウスに課題の土星が入っている場合は、あなたが想う特定の人との関係について向き合うことになります。何か怖いことが起こるわけではありません。その人を通じて何かを学び取り、どう自分に活かしていくのかが問われているだけです。また、その人と少しディープな関係になる時期かもしれません。

Uranus

8ハウス
トランジットチャート
天王星

特別な人との1対1の関係性を意味する8ハウスに天王星が入っている時期は、あなたが慕っている人との間に何らかのハプニングが訪れる可能性があります。同時に、そのハプニングを通じてお互いの関係性がアップデートされます。ただ、天王星がもたらすハプニングはかなり規模が大きいので、乗り越えるにはそれなりの根気が必要になるでしょう。

Neptune

8ハウス
トランジットチャート
海王星

あなたにとって特別な人と一緒にいるときがテーマになっている8ハウスに海王星が入っているときは、その人に対してあらん限りの愛情を注ぐようになります。それはとても素敵なことですが、海王星は愛が強すぎるあまり、境界線が曖昧になるという側面もあります。相手が配偶者でない場合は、少し注意が必要なタイミングであるとも読めます。

Pluto

8ハウス
トランジットチャート
冥王星

特別な人との1対1の関係性を意味する8ハウスに冥王星が入っている時期は、これまで長く関わってきた相手だとしても、お互いの関係性や今後を左右するような出来事が起こります。しかし、この出来事を通じて2人の関係がダメになるわけではありません。依存し合うような関係ではなく、自立し合う関係を築くために試されている時期と見るようにしましょう。

9 ハウス

将来設計をするときにどう決めて実現していくのか

9ハウスは**『将来設計をするときにどう決めて実現していくのか』**という意味です。僕はこれまでたくさんの人の鑑定をしましたが、その中で「将来？　夢？　自分にはないなぁ……」という声やお悩みを多く耳にしてきました。このような人は将来の夢を持っていないと勘違いされがちですが、そうではなく、ただ単に将来設計の仕方を知らないだけ。その結果、悩みが生じてしまうのです。

きちんと調べてから決め、その通りに動いて着実に夢の実現に向けて進んでいく人もいれば、「パティシエになって将来お店を持ちたい！　とりあえず洋菓子屋さんに就職しよう！」と、思い立ったらすぐに行動に移すことで実現していく人もいます。

アップデートやハプニングを意味する天王星が9ハウスに入っている時期は、これまで追い掛けてきた夢をアップデートすることになるかもしれません。また、思わぬ人との出会いで予想外の方向に進む可能性もあります。天王星は1つのサインに約7年滞在します。そのため、約7年間は「思わぬことが起こるのなら自由にやろう！」という気持ちで振り切って行動するのがいいでしょう。波のように人生がアップダウンするかもしれませんが、そのぶん得られることが多くあります。波を楽しむくらいの感覚ですごすといいでしょう。

Moon

9ハウス
トランジットチャート
月

将来について考えることがテーマになっている9ハウスに無意識を意味する月が入っている場合は、知らず知らずのうちに将来について意識が向きやすくなるようになります。このことから、普段はあまり将来について意識を向けることが少ない今を生きるタイプの人は、いつものあなたとの違いを自覚しやすくなるでしょう。

Mercury

9ハウス
トランジットチャート
水星

将来や夢という意味もある9ハウスに思考を意味する水星が入っていると、将来や夢について考える頻度がいつもと比べて多くなります。普段は「これから先もなんとなく生きていけば……」と考えていた人でも、不思議とこれから先のことに対して考えるようになります。良いアイデアが浮かぶ傾向もありますので、先のことを考える時期として最適です。

Venus

9ハウス
トランジットチャート
金星

9ハウスに金星が入っているときは、将来や夢について小難しく考えるというよりも、ワクワクしながら「将来どうなりたいかなー？」と考えられるようになります。感覚的になってしまうことが多く、具体性は乏しい傾向に。必ずしも具体的である必要はなく、感覚に任せて自由に想像するのも良いかもしれません。

Sun

9ハウス
トランジットチャート
太陽

運勢占いで9ハウスは、これから先の将来や夢を占うハウスです。そこに月間のテーマを意味する太陽が入っている場合は、あなたが思い描いてきた将来に向かって進むうえで太陽が味方をしてくれる時期と読めます。これから先の行動で少し遠慮している部分があったとしたら、思い切って未来へ舵を切っても良い時期だと判断することができます。

Mars

9ハウス
トランジットチャート
火星

将来設計をするときにどう決めて実現していくかを意味する9ハウスに火星が入っていると、現在学んでいることをかなりの速さで深めることができるでしょう。9ハウスが意味する学びはすでに取り組んでいるものが対象になるため、ある程度知識を持った状態からのスタートだと考えてください。対象となるものの中から気になる1つを選び、一気に深める傾向が出てきます。

Jupiter

9ハウス
トランジットチャート
木星

9ハウスに深掘りを意味する木星が入っている時期は、将来や夢に対して真剣に考えるタイミングになります。深掘りするからこそ、あなたが人生を賭けてもいいと思えるような夢や将来が見つけられるわけですが、なかなか答えが出ないこともあります。その際は人に話を聞いてもらい、さまざまな意見を取り入れることも大切です。

Saturn

9ハウス
トランジットチャート
土星

課題を意味する土星が9ハウスに入っている時期は、将来や夢の確立に向けてコツコツ頑張るときです。土星が入っているハウスは、個人戦ではなく集団戦で立ち向かうことが大事。あなたが思い描いている夢が大きければ大きいほど、協力者が必要になるということ。あなたと同じように夢を追ってくれる人と一緒に課題へ取り組むと良いでしょう。

Uranus

9ハウス
トランジットチャート
天王星

9ハウスに天王星が入っている時期は、夢の実現、もしくはすでに実現している夢に対するハプニングが起こります。同時に、自分自身を大きく成長させたり、アップデートさせたりすることが求められます。大きなハプニングだとしても、何とか乗り越えようと試行錯誤を重ねることでクリアすることができます。安心してください。

Neptune

9ハウス
トランジットチャート
海王星

将来設計をするときにどのように決めて実現していくかがテーマになっている9ハウス。そこに慈愛の海王星が入っている時期は、思い描いている夢を自分のためにではなく、誰かのために実現したいという気持ちが強くなります。海王星は直感の象徴でもあるため、ピンと来たら夢の実現へ向けて舵を切ってみるのもいいでしょう。

Pluto

9ハウス
トランジットチャート
冥王星

これから先の人生をどうしていこうかを決めることがテーマとなっている9ハウスに冥王星が入っている時期は、これまで追ってきた人生や夢を大きく方向転換するような出来事が起こります。周りの人からは「将来をコロコロ変える人」という印象を持たれるかもしれませんが、大きく生まれ変わるために必要なことですので気にすることはありません。

10 ハウス

仕事を成功させるためにどうすればいいのか

10ハウスは**『仕事を成功させるためにどうすればいいのか』**という意味です。運勢占いで「この先、私の仕事運はどうですか？」「最近転職したのですが、これから先はどうなるでしょうか？」といった仕事に関する相談を受けたときは、まず間違いなく10ハウスを鑑定します。

僕たちは、就職、転職、起業など、仕事を通じて大きな転機を迎えます。転機を迎え不安でいっぱいのときに10ハウスの鑑定をすることで、不安がなくなり「この選択は間違っていなかった」と希望に満ち溢れた生き方ができるようになります。その結果、仕事で大きな成果を上げることができるのです。

10ハウスにスクラップ＆ビルドを意味する冥王星が入っている時期は、大きな成長や成功が訪れる大チャンスです。ただ、「最近仕事が上手くいっている」と思った翌日に大変なことになったり、昨日と今日の私が全然違うといった大きな変化が起こり、大変なことも体験します。ですが、「大変」とは〝大きな〝変〟化があるときに起こるもの。大きな変化を乗り越えれば、大きな成長や成功が待ち受けています。だから、何も心配する必要はありません。

冥王星は1つのサインに滞在している期間が長い天体です。青天井の成功を望めば、冥王星は必ずあなたに力を貸してくれます。

Moon

10ハウス
トランジットチャート
月

仕事を意味する10ハウスに気分を意味する月が入っている場合は、シンプルに仕事をしたい気分になります。このときに仕事を成功させる秘訣は、「気分が乗らないから適当にやろう」というように、一時的な気分に流されないこと。自分の気分も大事にしつつ一緒に仕事をする人の気分も大事にすると、より良い成果につながります。

Mercury

10ハウス
トランジットチャート
水星

天職という意味もある10ハウスに思考を意味する水星が入っていると、「どんな仕事に就きたいのか」と考える頻度が多くなるでしょう。その結果、仕事に関する情報収集をすることが多くなりします。既に興味のある具体的な職種が頭の中に思い浮かんでいる場合は、その道で活躍をしている人から客観的なアドバイスをもらうといいでしょう。

Venus

10ハウス
トランジットチャート
金星

仕事を成功させるためにどうすればいいのかがテーマの10ハウスにワクワクポイントの金星が入っていると、「仕事が楽しい！」と感じる時期になります。このタイミングを上手に使えば、一気にキャリアアップすることも可能です。金星には楽しいからやるという傾向があり、そこには努力は必要ありません。夢中になって仕事をしていたら勝手にキャリアアップした！となるはずです。

Sun

10ハウス
トランジットチャート
太陽

10ハウスはズバリ「天職」を占うハウスです。天職という言葉はとても壮大で自分ごとには感じられないかもしれませんが、マイルドに表現すると「あなたに向いている仕事」です。そんな意味を持つ10ハウスに1ヶ月間力を貸してくれる太陽が入っている場合は、この時期は向いている仕事を見つけるタイミングとして最高だと言えるでしょう。

Mars

10ハウス
トランジットチャート
火星

あなたの仕事モードを占うこともできる10ハウスに火星が入っている時期は、とにかく仕事人間になります。いわゆる脂の乗った働き盛りのサラリーマン状態です。仕事で成果を出したい場合は、このタイミングで集中的に取り組むのがおすすめ。ただ、結婚相手や恋人などがいるのなら、パートナーを寂しい気持ちにさせないように注意しましょう。

Jupiter

♃
10ハウス
トランジットチャート
木星

仕事がテーマになっている10ハウスに幸運を意味する木星が入っている時期は、仕事関係全般に関してラッキーなことが訪れやすくなります。「どうすれば仕事が上手くいくのかな……」と悩んでいるのなら、その悩みが解決し、仕事が上手くいくようになります。仕事に関して悩むことが多くなっても、木星が味方しているので大丈夫です。

Saturn

♄
10ハウス
トランジットチャート
土星

どうすれば仕事で成功できるのかを意味する10ハウスに課題を意味する土星が入っている場合は、仕事で成功を収めるために必要な課題が訪れ、その解決のために試行錯誤を重ねて努力するようになります。そのため、1日24時間、仕事のことで頭がいっぱいになるかもしれません。「一流の人は遊びと仕事を両立させる」という言葉があるように、リフレッシュも必要な時期です。

Uranus

♅
10ハウス
トランジットチャート
天王星

仕事がテーマとなっている10ハウスにアップデートを意味する天王星が入っている時期は、現在あなたが就いている仕事に関して大きな変化が訪れます。アップデートによってあなたにしかないオリジナリティも生まれ、仕事において他の人では出せなかった成果を出せたり、これまで存在していなかった新しい仕事を生み出すことも期待できます。

Neptune

♆
10ハウス
トランジットチャート
海王星

仕事を成功させるために何をすべきかがテーマになる10ハウスに海王星が入っていたら、自分が成功することよりも、仕事上で関わる人の成功を祈るほうがベターな時期だと言えます。自分の利益よりも相手の利益を優先するスタンスで仕事に取り組むことが成功の鍵になります。ただ、人に利用されやすくなる時期でもあるため、相手を見極めることも大切です。

Pluto

♇
10ハウス
トランジットチャート
冥王星

仕事が上手くいくようにすることがテーマの10ハウスに冥王星が入っている時期は、仕事で大きな方向転換を強いられる出来事が増えます。たとえるなら、「昨日までは会社員だったのに、明日から占星術師」のようなイメージです。しかし、この出来事によって本質的に求めている仕事を見つけることができるので、不安になる必要はありません。

11 ハウス

共通の趣味を持ったコミュニティ

11ハウスは『共通の趣味を持ったコミュニティ』という意味です。映画愛好会、ミステリー愛好会というように、世の中にはさまざまなコミュニティが存在します。同じことが好きであるという点がそこに集まる人たちの共通点です。映画が嫌いな人が映画愛好会に参加していたら、シュールだしちょっとおかしいですよね？

全く畑違いの人が集まると会話の糸口が見つからずに困ってしまうものですが、共通の趣味があれば会話のトピックスに困ることはないはずです。このような意味を持つ11ハウスは、出会いの場として最適だと見ることもできます。「良い出会いないかな～」と思っているときは、11ハウスを鑑定するのもおすすめです。

気分を象徴する月が11ハウスに入っている時期は、コミュニティへ参加したい気分になります。ただ、月は約2・5日で次のサインに移動する天体のため、数日後には「今はもうそんな気分じゃない」と、手のひらを返すような状態になることもあります。月は気分転換をするときに使う天体なので、思い切ってコミュニティへ参加してみるといいでしょう。

Moon

11ハウス
トランジットチャート
月

みんなでワイワイ楽しむコミュニティを意味する11ハウスに気分を意味する月が入っている場合は、みんなで集まってワイワイ楽しみたいという気分になりがちです。ただ、11ハウスが意味するコミュニティは、好きなことが一致していることが肝。そのため、ところ構わずさまざまなコミュニティに参加をしたくなることはほぼないでしょう。

Mercury

11ハウス
トランジットチャート
水星

自分と同じ趣味を持った人とのコミュニティを意味する11ハウスにコミュニケーションの意味を持つ水星が入っている場合は、趣味を共有できる人たちと話をしたいと思うようになります。さらに、コミュニケーション力も冴え渡るタイミングなので、この時期はたくさんの人と連絡を取り、話すことをおすすめします。

Venus

11ハウス
トランジットチャート
金星

肩書きに縛られない横の繋がりという意味もある11ハウスに金星が入っていると、人と人として関われる友人やコミュニティでの交流を楽しむ時期になります。さまざまな人との出会いを得やすいタイミングであるため、思わぬ恋愛的な出会いが訪れるかもしれません。ただ、金星はお金という意味もあるので、くれぐれも散財には要注意です！

Sun

11ハウス
トランジットチャート
太陽

11ハウスは共通の趣味を持ったコミュニティという意味です。そこにあなたらしさを意味する太陽が11ハウスに入っている場合は、積極的に集まりへ参加することであなたらしさを発揮できるようになります。また、そこでお互いを高め合える仲間との出会いも期待できます。普段は内向的な人ほど太陽の影響を感じやすくなるでしょう。

Mars

11ハウス
トランジットチャート
火星

11ハウスに火星が入っている時期は、共通の趣味を持ったコミュニティ活動に対して精を出すことになります。しかし、火星の影響を受けすぎることで、関わる人たちとの間でズレが生じたり、トラブルが生まれたりする可能性も。「自分だけが」ではなく「みんなにとって」を意識しましょう。

Jupiter

11ハウス
トランジットチャート
木星

共通の趣味を持ったコミュニティを意味する11ハウスに幸運を意味する木星が入っている時期は、同じ趣味を持つ人との出会いに恵まれ、あなたが望むコミュニティに属するようになるでしょう。プライベートでは一人きりですごすことが多い人ほど多くの人と出会って仲間に囲まれるため、日々との違いを実感しやすくなります。

Saturn

11ハウス
トランジットチャート
土星

11ハウスに課題を意味する土星が入っている場合は、あなたがすでに所属している、もしくはこれから所属しようと思っているコミュニティと上手く関わり、交流していくために課題が多くなることを示唆しています。たくさんの人と関わりコミュニケーションを取るため、少し慎重に行動・発言したほうが良いかもしれません。

Uranus

11ハウス
トランジットチャート
天王星

11ハウスに天王星が入っている時期は、所属しているコミュニティのメンバーとの間に予期せぬ事態が起こる可能性があります。また、天王星はオリジナリティを象徴する星。その影響を受けて、一人ひとりがオンリーワンの個性を持つ人たちが集まる濃いコミュニティとの繋がりを求め、実際にそこに参加することになるかもしれません。

Neptune

11ハウス
トランジットチャート
海王星

11ハウスに海王星が入っている時期は、大勢の人と集まり、そこで出会う人たちに対して愛情を注ぐようになります。自己犠牲になるほどやりすぎは禁物ですが、そこで注いだ愛情が巡り巡ってあなたへ還ってくることもあります。愛情を注ぎっぱなしでノーリターンということにはならないので安心してくださいね。

Pluto

11ハウス
トランジットチャート
冥王星

11ハウスに冥王星が入っている時期は、これまで関わってきたコミュニティとの関係性を大きく見直すことになるでしょう。もしかするとたくさんお世話になってきたコミュニティだったかもしれませんが、そこから離れることによってより好ましい人たちとの出会いに恵まれることもあります。必要以上に悲しむことはありません。

12 ハウス

秘めている願望

12ハウスは**『秘めている願望』**という意味です。

「本当は〇〇してほしかったのに……」と思っている瞬間が、秘めている願望を意識している状態です。星よみでは、12ハウスは深層心理とも表現されます。日常のひとコマを思い浮かべてもらうと、12ハウスで鑑定できることがイメージしやすいかもしれません。

仲の良い友だち同士で遊びに行く計画をしているとき、「まぁ、みんながそうしたいなら良いんじゃない？」と建前では言っていたとしても、心の奥深くの部分では、「いやー、本当は〇〇さんと2人でデートしたいんだけどなー」と思っているとします。これが秘めている願望です。

12ハウスに思考パターンの水星が入っているタイミングでは、普段は表面に出せない願望について考えるようになったり、「自分は何を求めているのだろうか？」と、自分の深層心理について考えることが多くなったりします。「好きな人に告白したいのになぜできないの？」というように、秘めた気持ちを表に出せない理由について考えることが多くなります。その答えを見つけるため、誰かに助言を求めてみるのもいいでしょう。

Moon

12ハウス トランジットチャート 月

12ハウスの秘めた願望や深層心理を知ることは、「自分が知らない自分」を知ることになります。気分を意味する月が12ハウスに入っているときは、「未知の自分について知りたい気分」になります。心理学の本を開いてみたり、深層心理テストをやることもあるでしょう。普段はその手のことに興味がない人ほど、その影響を強く受けるかもしれません。

Mercury

12ハウス トランジットチャート 水星

深層心理という意味もある12ハウスと思考を意味する水星がセットになると、普段は意識を向けることがない潜在的な欲求に対して考える機会が多くなります。基本的に深層心理とは、普段の考えとは異なる開けてびっくり玉手箱のようなものが多くなります。意外な発見を楽しむようなスタンスですごすと良いでしょう。

Venus

12ハウス トランジットチャート 金星

深層心理を意味する12ハウスに金星が入っていると、自分の外側のことよりも内側への興味・関心を感じやすくなるでしょう。そのため、あなたを初めて見た人は、陽気なキャラクターというよりも、少し静かな印象を受けるかもしれません。この時期は自分の心と対話することを意識してみましょう。楽しみながら自分の心を知れる素敵なタイミングになるはずです。

Sun

12ハウス トランジットチャート 太陽

深層心理を意味する12ハウスと自分らしさを意味する太陽がセットになる時期は、未知の自分を知ることによって、より自分らしく生きられるようになります。深く考えるというよりも、より自分らしく生きるために必要なパズルのピースを探すような感覚です。足りない物を探すというより、「こんな自分がいたのか！」と驚く感覚ですごすことがおすすめです。

Mars

12ハウス トランジットチャート 火星

12ハウスに火星が入っている時期は、普段はあまり出さないようにしている願望や欲求をストレートに打ち出すことができます。その一方で火星の力が暴走しすぎることもあり注意が必要です。加えて、12ハウスには「報酬を伴わない慈善活動」という側面もあるため、「あなたが良ければそれでいいの！」と、自己犠牲にならないように気をつけましょう。

Jupiter

12ハウス
トランジットチャート
木星

「自分が知らない自分」という意味もある12ハウスに深掘りをする天体・木星が入っている期間は、「自分にこんな面があるなんて知らなかった。どうしてだろう？」と、今の自分の答え合わせをするために過去を振り返ったり、想いを巡らせたりすることが多くなります。ラッキースターという意味もある木星のサポートを得ることで、きちんと答え合わせをすることができるでしょう。

Saturn

12ハウス
トランジットチャート
土星

12ハウスが持つ深層心理という言葉を言い換えると「心」になります。その12ハウスに成長を促す課題を意味する土星が入っている時期は、心と向き合うことが増えるでしょう。向き合いたくない部分とも真っ向から対峙する必要も出てくるため、心がたくましくなります。ただ、土星の影響を受けている時期は一人で頑張ることはNG。人の力を借りてラクに乗り越える方法を考えましょう。

Uranus

12ハウス
トランジットチャート
天王星

天王星が12ハウスに入っている時期は、普段は表に出すことをしない願望に関して大きな変化が訪れることになるでしょう。たとえば、今までは「誰かの力になれたらな」という想いを秘めていたのに、12ハウスに天王星が入った瞬間から「対価は求めない無償の愛で人の力になりたい」と変わるイメージです。移り変わる心の世界を楽しみましょう。

Neptune

12ハウス
トランジットチャート
海王星

12ハウスに海王星が入っている時期は、あなたがこれまで表立って伝えずに秘めてきた「ALL FOR YOU」という愛情をどのような人へ向けたいのかについて考えることが増えるでしょう。これまでは下手な鉄砲も数打ちゃ当たるではないですが、愛の乱れ打ちをしていた人もいるはずです。でも、そのような傾向はなりを潜めるでしょう。

Pluto

12ハウス
トランジットチャート
冥王星

12ハウスに冥王星が入っている場合は、「心が変われば人生が変わる」という不思議な体験をすることになります。心の状態は人生の写し鏡です。やさぐれていれば目に見えるもの全てが歪んで見えるかもしれませんし、心の状態が健やかなら目に見えるもの全てが素晴らしく見えるわけです。この時期、心が生まれ変わる体験をするでしょう。

運勢占いにおけるアスペクトの役割
アスペクトって言葉、占星術以外では聞かないね
英語では外観とか様相という意味だけど、占星術では天体○○座と天体○○座の間の角度のことで、「座相」ともいうんだ
天体○○座
天体○○座
この線がアスペクト。アスペクト自体は13種類あるけれど、運勢占いで使うのは5種類だけだよ
5種類!?
残りは使わなくていいの?
運勢の良い時期を適切に出すため、運勢占いではアスペクトとして認める角度の幅を狭くするんだ
これをオーブと言うよ
オーブの説明はP148
結婚につながる運命の出会いがある期間が1年間と言われると困らない?
たくさんの人に出会ったら、どれが運命の人かわからない!
だよね
具体的な期間を指す鑑定にするためオーブを狭くするんだ
狭

運勢占いにおけるアスペクトの役割

アスペクトとは、**「結びつき合う天体〇〇座同士の間に変化を与えるもの」**という意味です。

この状態を食事にたとえてみましょう。炊き立ての白米とほどよく脂の乗ったお肉を食べると、それはもう何杯もおかわりできるレベルの美味しさです。でも、飲み物がキリッと冷えたビールなのか、生ぬるい牛乳なのかによって、その美味しさに変化が生まれると思いませんか？　この美味しさに変化を与える要因（飲み物）をアスペクトと考えてください。

運勢占いにおけるアスペクトの役割について、これから具体的に説明をしていきます。たとえば、あなたのネイタルホロスコープが「ちゃんと言葉を選んで話す」水星ふたご座だった場合。今から1ヶ月後のトランジットチャートを見たときに、「考えていることが衝動的に口から出てしまう」火星いて座と「葛藤」を意味するアスペクト「オポジション」で結ばれていたとしましょう。この場合、あなたの1ヶ月後は「普段はちゃんと言葉を選んで話す性格なのに、オポジションで結ばれた火星いて座の影響で、考えていることが衝動的に口から出てしまいそうになり、コミュニケーションに葛藤が生まれる時期」と鑑定できるのです。最善策は、情熱的に伝える必要があるときは火星いて座を、言葉を選ぶ必要があるときは水星ふたご座をと、2つを使い分けることです。

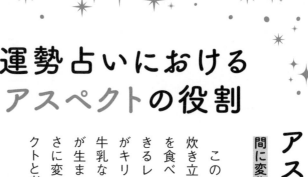

トライン△
角度120度
まずは
トラインから説明しますね
トライン
トラインで結ばれたネイタルホロスコープとトランジットチャートの天体○○座同士の能力や性格をうまく引き出し合うことができる
チーン
チーン
ココさんのホロスコープ
設定した未来 2030年1月1日
トラインは120度です
その角度や記号って覚えなくちゃダメ？
120°
アスペクトを角度や記号で表す場合が多いから、徐々にでもいいから覚えられるといいかもね
こんなふうに
アスペクト表
本当だ。
この表を見ると、120度が4つもある！
そうだね、例えばネイタルホロスコープの月うお座とトランジットチャートの木星さそり座がトラインですね
2030年の1月1日に私は月うお座と木星さそり座の能力や性格をうまく引き出し合うことができるってことね
Good!!

△ トライン

能力や性格をうまく引き出し合うことができる

一般的な星よみの中でトラインは、「調和」もしくは「ストレスフリー」と表現されます。

そもそも調和とは、矛盾や衝突がなく全体が釣り合っている状態です。人間関係にたとえるのなら、価値観が似た友だちのこと。価値観が似た友だちと一緒にいるとストレスがないですよね？　そう、調和はストレスフリーな状態をもたらします。ストレスフリーの状態であれば、それぞれが好きなことを好きなようにできます。

この意味から、星よみ的にはトラインで結ばれた天体〇〇座同士の**『能力や性格をうまく引き出し合うことができる』**と読めます。

運勢占いにおいてあなたのネイタルホロスコープが木星うお座で、トラインで結ばれた未来の日付のトランジットチャートが土星かに座だったとします。どのような影響を未来に及ぼすのでしょうか？

幸運の星といわれる木星と直感星座のうお座は、「直感で決めたことが結果的にラッキーになる」という性質を持ちます。その一方で、コントロールを意味する土星が感情的な星座のかに座と結びつき、「感情のコントロールをするようになる」という性質を持つようになります。この2つがトラインで結ばれることで、直感的な判断力が高まるけれど、かといって感情的にならず、正しい選択をすることができる時期だと占うことができます。

セクスタイル⚹
角度60度
お次はセクスタイルですよ
ココさんのホロスコープ
設定した未来 2030年1月1日
60°
アスペクト表
セクスタイルは60度でしょ。例えば、月うお座と金星やぎ座がセクスタイルってことかな?
ココさん、すごい。大正解!
パチパチ
セクスタイル
互いの得意不得意を補い、協力し合って助け合う
結ばれた天体○○座同士がそれぞれのできることをやってサポートし合い、発展していくイメージだね
やったー!!
うれしい♥
発展!!
たったら~♪

セクスタイル

互いの得意不得意を補い、協力し合って助け合う

セクスタイルは、クリエイティブと表現されます。この言葉を見て真っ先に思い浮かんでくるのは、クリエイターと呼ばれる人たち。自由な発想力で何でもできる印象がありますが、そうではありません。動画クリエイターだったら動画を作るのが得意ですが、自分が演者となってカメラの前で「うぇーい！」とできるかというと、それは不得意なこともあります。

一方で演者はカメラの前で演じるのは得意ですが、動画を編集するプロではありません。だからこそ、『互いの得意不得意を補い、協力し合って助け合う』関係性を築けるのです。

仮にネイタルホロスコープの2ハウス金星てんびん座とトランジットチャートの土星いて座がセクスタイルで結ばれているとしましょう。金星てんびん座の「楽しく計画的にやるのは得意だけれど、なりふり構わず突っ走るのは不得意」という部分と、土星いて座の「なりふり構わず突っ走るのは得意だけれど、指差し確認とか計画は不得意」というそれぞれの得意不得意を補い合い、協力し合ってハウスのテーマに取り組んでいくようになります。

セクスタイルはワクワク感や発想力も与えてくれます。天体〇〇座同士がセクスタイルで結ばれていれば、バイタリティ一杯の時期になるでしょう。

スクエア□
角度90度
ココさんのホロスコープ
設定した未来
2030年1月1日
Yes!!
90°
次は スクエア 90度だよね
90度、90度、わぁ5つもある!
アスペクト表
一例をあげると、ネイタルホロスコープの土星てんびん座と、トランジットチャートの太陽やぎ座だね
スクエア
ネイタルホロスコープの天体○○座に対し、トランジットチャートの天体○○座が成長を促す課題を与える
90
課題!? なんか大変な時期になりそう……
でも、それを超えれば大きく成長できるよ。もしそのことが、ホロスコープから事前にわかっていれば、これを乗り越えれば明るい未来がくる!って気持ちになれない?

スクエア

成長を促す課題を与える

星よみの中で、スクエアは「課題」や「横槍《よこやり》が入る」と表現されます。

まず、「課題」について噛み砕いてお伝えしましょう。学生時代にどっさり出された夏休みの宿題を思い出してください。考えただけで憂鬱な気持ちになりませんか？　これがスクエアが意味するところの課題です。楽しい夏休みを満喫しているのに、いつまでもやらないと、親から「宿題やったの？」と横槍が入るわけです。

ですが、嫌々ながらも夏休みの課題に取り組んでいたら、取り組む前と比べると学力は向上しているはずです。こう考えると、スクエアの本質的な意味は**『成長を促す課題を与える』**アスペクトとも捉えられます。

では、運勢占いの例を見ていきましょう。ネイタルホロスコープの月さそり座に対して、1ヶ月後のトランジットチャートにある木星しし座がスクエアで結ばれているとします。このとき、月さそり座に対して木星しし座から課題が渡されるようになります。すると、月さそり座としては心が決まったことに関しても、木星しし座から「ちゃんと考えた？深掘りしましたか？　納得していますか？」という課題、横槍が入るようになるわけです。そのためこの時期は、ちゃんと深掘りしたうえで心を決められるようになるタイミングと占えるわけです。

内＼外	☉	☽	☿	♀	♂	♃	♄	♅	♆	♇
☉										
☽				60		120				
☿					60			180		
♀		0								
♂				0		60	120			
♃	90		90						180	120
♄	90		90						180	120
♅		0								
♆										
♇				90						

コンジャンクション

互いの性質をちゃんとコントロールして使うことによって、大きな結果を出すことができる

星よみの中で、コンジャンクションは「衝動性」といわれることがあります。

「衝動性」を噛み砕いてお伝えすると、お祭り騒ぎの状態。夏になると全国各地でお祭りが開催され、そこにたくさんの人が集まってきます。中にはテンションが上がりすぎて理性のタガが外れてしまい、周りに迷惑をかけてしまう人も出てきます。

でも、ちゃんと理性を保ってさえいれば「つらいことも多い世の中だけど、楽しむのも大事だね！」と気持ちがリフレッシュされ、「衝動性」をプラスのエネルギーに変換することができます。

コンジャンクションで結ばれた天体〇〇座同士が**『互いの性質をちゃんとコントロールして使うことによって、大きな結果を出すことができる』**。これが、コンジャンクションのいうところの「衝動性」です。

もし運勢占いにおいて、徹底的にサポートすることが愛情表現である金星やぎ座と、掛け値なしにサポートする海王星やぎ座がコンジャンクションだった場合がどうなるのかを見てみましょう。「2つの性質をコントロールしながら使うことができ、プラスの結果を出し続けられる」時期になると占うことができます。

ココさんのホロスコープ
設定した未来 2030年1月1日
オポジション
角度180度
180°
ついにアスペクト最後のオポジションです
ホッ
アスペクト表
オポジションの角度は180度
私の場合、ネイタルホロスコープの木星てんびん座とトランジットチャートの海王星おひつじ座がオポジションってことかな?
うんうん
オポジション
葛藤はするけれど、どちらかを選ぶことが大事である
こういう意味があるからね
え!?
私が2030年1月1日に何かに葛藤するってこと!?
そのときにどちらの天体○○座の性質を選ぶかがとても大事になるよ

外\内	☉	☽	☿	♀	♂	♃	♄	♅	♆	♇
☉										
☽				60		120				
☿					60			180		
♀		0								
♂				0		60	120			
♃	90		90						180	120
♄	90		90						180	120
♅		0								
♆										
♇				90						

オポジション

葛藤はするけれど、どちらかを選ぶことが大事である

星よみの世界では、一般的にオポジションは「葛藤」といわれています。

僕はオポジションの葛藤を、真夜中の甘味の誘惑にたとえています。食べたものがそのまま脂肪になってしまう22時以降に冷蔵庫を開けてパフェを発見。このとき、「食べたいなぁ……」と思っても、「でも、食べたら体重が……」と悩むことでしょう。

この、「食べたいけど食べたらアカン」という状態が葛藤です。でも、考えてみてください。食べてしまえばスッキリしますし、そのまま寝てしまえば目覚めたときに、「食べなくて良かったぁ」と安心するはずです。どちらもメリットはあるのです。

ここからわかるのは、オポジションのアスペクトは**『葛藤はするけれど、どちらかを選ぶことが大事である』**ということなのです。

運勢占いにおいて、ネイタルホロスコープの水星ふたご座と、1ヶ月後のトランジットチャートにある火星いて座がオポジションで結ばれていた場合を考えてみましょう。日常的には、水星ふたご座の性質「ちゃんと考えましょう」の状況であるのに、1ヶ月後に「やろう！　今すぐやろう！　未来のために！」という火星いて座の影響を受けます。2つは相反する性質のため、葛藤が生じるようになり、どちらかを選んで使っていくことが大事になると見ることができます。

COLUMN

星よみ用語の解説

ASC

P27で登場したASCはアセンダントと読み、Acとも表記されます。**ASCはあなたがこの世に生まれた瞬間、東の地平線からサインが顔を出すところだといわれています。**たとえるなら、この世に生まれた瞬間、あなたの心は何色にも染まっていない真っ白なキャンバスのようなもの。この心のキャンバスは、ASCのサインの影響を強く受けます。そのため、性格や特性、行動において、**太陽星座と同等、人によってはそれ以上に強い影響を与えることがあります。**

オーブ

P136で登場する**オーブとは、アスペクトとして認められる誤差のこと。**トラインは120度といったように、アスペクトは角度で決まりますが、ぴったりその角度になるのは稀。そのため、オーブを取り入れないと、ホロスコープを出したときにアスペクトが表示されなくなってしまいます。一般的にオーブは5度ですが、運勢占いにおいては「この時期」とピンポイントで見たい人が多いため、個人差はあるものの、最大でも3度で用いられることが多いようです。先ほど登場したトラインを例にとると、117～123度がトラインとして認められるということです。

第3部

太陽星座で読む未来の切り開き方と月星座で読む過去の癒やし方

太陽星座とは、テレビや雑誌の星占いで使われる12星座のこと。月星座とは、ホロスコープを出したときにネイタルホロスコープに入っている月とセットになっている星座です。第3部の文章はテンプレートに穴埋めはしません。リラックスして楽しく読み進めてください。

太陽星座で読む未来の切り開き方

太陽星座とは、あなたが生まれたときに太陽が滞在していたサインのこと。

この太陽星座の「太陽」は、僕たちに強烈な影響を与えています。実際、宇宙の中心にあるのは「太陽」であり、太陽が存在しているからこそ、地球に住む生き物が命を育んでいくことができているのです。

もし、この宇宙から太陽が消えてしまったら、間違いなく、僕もあなたも生きていくことはできません。今この瞬間も輝いている太陽は、それだけ人々に強烈な影響を与えているということです。

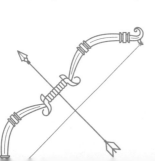

少し抽象的な表現になりますが、もしも太陽が「地球で暮らす僕たちの命を育むこと」という使命を持って輝いているとしたらどうでしょうか？　あなたの持っている「太陽」星座もまた、同じように何かしらの使命を持って輝いていることになります。

世の中には責任放棄という言葉はありますが、使命放棄という言葉は存在しません。使命というのは、責任と違ってやすやすと投げ捨てられるものではないからです。

だからこそ、使命は「見えない未来」の不確かな目標へ向かって進むための原動力になってくれるでしょう。未来を切り開くためには、あなたの太陽星座を活かすことが重要なのです。

太陽
おひつじ座

太陽おひつじ座の未来の切り開き方

「決める一択」これが、太陽おひつじ座が未来を切り開く方法です。太陽おひつじ座の行動はとにかくシンプル。日々、「やることを決める」「やらないことを決める」というように、常に「決める」というコマンドを使っているため、行動に歪みがありません。

「迷うくらいならやらない」というように、引き際を見極める能力にも優れています。同時に、やるべきことの優先順位を決めてすぐに行動に移すため、常に動いている人という印象を与えます。

太陽おひつじ座が未来を切り開くために必要なのは、どれだけ綺麗な言葉を並べ立てようとも、とにかく「決めて動くこと」。おひつじ座が持つ「決める一択」という性格を活かすことによって未来を切り開けるのです。

ときには失敗することもあるでしょう。でも、集中力のある太陽おひつじ座は、その失敗を黙々と修正することができます。

太陽おひつじ座に対して、周りの人は「もう少し考えたほうがいいんじゃない？」と言うかもしれませんが、迷う必要はありません。スピード感が何よりも大事です。周りからの意見は話半分くらいに聞いておいて、どんどんアクションを起こしていきましょう。

太陽
おうし座

太陽おうし座の未来の切り開き方

「おうしの天才性を信じてまずやってみる！」これが、太陽おうし座が未来を切り開く方法です。石橋を叩いて渡るタイプのおうし座からすると、「まずやってみる！」というのは少し怖く感じるかもしれません。

おうし座を象徴する牛は牧場でゆっくりすごす動物。そんな牛が挑戦することは、オオカミがうろつく牧場の外に飛び出すことと同じなのです。

ですが、おうし座は石橋を叩いて渡る必要がないくらいの天才性を持っています。それがどんなものなのかというと、「やってみたらなんかできた！」という、誰もが羨むもの。

新しいことを始めるときは基礎を学んで一段一段階段を上がるようにステップアップしていくことが一般的ですが、おうし座は違います。指導を受けて、「今からやってみせるからちょっと見ていて」とやってみたら、「なんかできた！」というように感覚がとても優れているのです。

だからこそ、太陽おうし座は石橋を叩いて渡るのではなく、やってみたらできてしまう天才性を活かすことが大事。それにより、思うままに未来を切り開いていくことができます。わからないところはあとで質問をして解消するくらいの感覚がちょうど良かったりします。

太陽ふたご座

太陽ふたご座の未来の切り開き方

「学びと行動のフッ軽さを活かすこと」これが、太陽ふたご座が未来を切り開く方法です。ふたご座はよくフットワークが軽いと言われますが、違う土地へ移動するという意味でのフットワークの軽さだけでなく、別の意味も持っています。

それが何かというと、学びに対するフッ軽さです。知らないことを知ることに対して純粋に面白さを感じるふたご座にとって、興味のある物事を学ぶことは、生きるうえで必要な酸素を吸っているのと同じこと。そのため大人になってからも、セミナーに参加するなどして自己投資を惜しみません。

もし、未来を切り開いていくときに恐れを感じた場合は、将来的に必要となる学びに取り組むようにしましょう。必要な学びを得られる場所が今いる場所から遠いところであっても、近所に出かけるような感覚で行くことをおすすめします。そこで共通の目的を持った仲間と出会い、協力関係になることで物事が急速に進みます。

すこし旅人気質のある太陽ふたご座にとって、「知る」「出掛けた先で出会う人」この2つが合わさることで、安心して未来を切り開く旅路に出発できるようになります。ただ、先行投資（お金と時間）が必要になることが多く、それがネックになります。

太陽
かに座

太陽かに座の未来の切り開き方

「放っておいて！　私の気持ちは私だけが知っている！」これが、太陽かに座が未来を切り開くための方法です。かに座は、星よみの中で臆病で引っ込み思案な性格と言われます。確かにちょっとビビリなところはありますが、それは表面的なものにすぎず、かに座の本質ではありません。

感情の星・かに座にとって、「気持ち」というのは他の星座よりも大きなウェイトを占めていいます。だから、だらだらと細かい理屈を並べ立てられるよりも、自分の気持ちに対して正直になるだけで、未来に対してどうしたいのかを決めることができるのです。

ただし、未来とは何が起こるのかがわからないもの。未知なる危険に対して、「怖いなぁ～、怖いなぁ～」と感じやすいかに座は、不意に足を止めてしまうことがあります。また、自分の気持ち次第でガンガン行くのはいいのですが、人から「今すぐに行こう！」と言われることは苦手。急かされている感じがして嫌なのです。

そんなときは、同じ太陽かに座の親友や気の置けない人と話をして、邪魔になっているネガティブな感情を吐き出すことが大切です。常日頃から身内のように振る舞える友だちは大事にしておきましょう。

太陽
しし座

太陽しし座の未来の切り開き方

「慎重に見えていきなり爆弾投下」これが、太陽しし座が未来を切り開く方法です。しし座は軽率な判断、軽はずみでむこう見ずな行動は絶対にしません。その理由は自然界を見れば明らか。しし（ライオン）は食物連鎖の頂点に君臨しているものの、自分が狩られない保証はないからです。いくらししでも狩りの最中に反撃にあって怪我をしたら、襲われたときに逃げ切れないでしょう。

しし座は、軽はずみに動くことはほとんどなく、じっと身を潜めてチャンスを狙うようなクレバーな一面があります。ですが、狩りとはただ黙っていれば良いというものではなく、ときには捨て身で飛び込む必要もありますよね。獲物を得られなかったら行き着くところは死。つまり、命が掛かっているわけですから。

太陽しし座も似たようなところがあります。それまでは静かにしていたのに、いきなり爆弾発言をしたり、爆弾投下をするような大胆な行動に出るといった、突拍子もないアクションを起こすことがあるのです。

周りは少しびっくりしてしまいますが、太陽しし座はこれくらい大胆に動いているときのほうが、いわゆる「らしさ」を発揮できます。また、その熱量に多くの人が感化され、助け舟が入るようになります。

太陽
おとめ座

太陽おとめ座の未来の切り開き方

「もう、なんでもいいや」これが、太陽おとめ座が未来を切り開く方法です。一見すると投げやりになっているように見えますが、そうではありません。どういうことなのかというと、慎重派で有名なおとめ座も、結構大胆なところがあることを意味しているのです。

一度おとめ座が悩んだら、しばらく堂々巡りをして「あーでもない、こーでもない」と考えます。しばらく経ってすこし落ち着いたと思っても、再び「あーでもない、こーでもない」と考え始めるのです。

このサイクルを3～4周ほど繰り返すのですが、あるとき突然、「もう、なんでもいいや」と吹っ切れ、これまで悩んでいた状態からは想像もできないほど大胆に動き始めます。

「もう、なんでもいいや」とは、自暴自棄になっているのではなく、「これ以上考えても何も答えが出てこないから、あとはやるしかないでしょ」というように、これまでのプロセスを活かしたうえでの行動であることがほとんどです。

そのため、いざ行動に移すとミスが少なく、未来を切り開いていく中で予期せぬトラブルが起こっても、お茶の子さいさいと言わんばかりにスマートな対応で切り抜けることができます。

太陽
てんびん座

太陽てんびん座の未来の切り開き方

「ハメ外し＆しっかり感の共存」これが、太陽てんびん座が未来を切り開く方法です。てんびん座はバランス感覚に優れると言われます。これは、なるべく不公平にならないよう公平を意識して関わるという意味で、このバランス感はあらゆる場面で発揮されます。

たとえば飲み会に参加した場合。同席しているメンバーが好きか嫌いかにかかわらず、空いたグラスがあれば「何か飲む？」と聞きますし、大袈裟かもしれませんが、取り皿に分ける際に全員のおかずの量が同じになるよう、均等に分けることだって厭いません。

未来とは、何が起こるか予測不可能な得体の知れないものです。それに対して、「まぁ、なるようになるでしょ！」という若干ハメを外した部分と、「ハメを外しすぎるといらないミスも多くなる」という、相反する2つのバランスをとりながら、同時に活かしていくことが未来を切り開く際には重要になります。

ざっくりいうと、あまり難しく考えすぎず、でも全く考えないわけではなく物事を進めることが必要ということ。そしてどこかに、「まぁ、やっちゃいますか！」という感じで、遊び心を出すことが肝です。

太陽
さそり座

太陽さそり座の未来の切り開き方

「今できることに全力を尽くす」これが、太陽さそり座の未来を切り開く方法です。星よみの中でさそり座は『0 or 100』と言われるくらい極端で、「やるときゃやるが、やらないときゃやらない」という性格です。もう一度言いますが、とにかく極端なのです。

さそり座はムラっ気があると誤解されることもあります。やるときは100%の力を出すのですが、やらないと選択をしたときのさそり座は、これまで頑張ってきた期間で放出したエネルギーをチャージしているので、やる気がゼロに近いことが多いからです。

そしてある日突然、思い立ったように動き出し、1年の汚れを落とす年末の大掃除に取り組むかの如く、溜まったことを一気にババッと片付け始めるのです。この性質を未来の切り開き方に活かすとするなら、静と動をきちんと使い分け、ここぞというタイミングで一気にエネルギーを使い切ることが重要になります。

そして、太陽さそり座は長期決戦が苦手な傾向があるため、3〜4ヶ月くらいの短期決戦で片付けることをおすすめします。1年間走り続けるよりも、数ヶ月間で一気に片付けたほうがラクですからね。

太陽
いて座

太陽いて座の未来の切り開き方

「未来共闘戦！」これが、太陽いて座が未来を切り開く方法です。未来、夢と言えば、いて座の出番。僕の尊敬する占星術師の先生がいて座の性格を、「ここではないどこか」と表現されていらっしゃったのですが、ズバリ、コレです。

「ここではないどこか」とは、いて座にとって夢や未来を意味しています。この性格から、いて座はほとんど危険を顧みずにどんどん先へ先へと進んでいきます。ただ、前方不注意上等＆指差し確認不注意上等の性質を持っているため、その危なっかしいところをカバーしてくれる仲間が必要です。

要するに、いて座は個人戦で未来へ体当たりをするのではなく、同じ釜の飯を食う関係性のような、同じ未来に向けて共闘してくれる仲間の存在が不可欠です。そんな仲間がいることによって危険を顧みずに未来を切り開けるため、行動に全集中することができるのです。

ただ、太陽いて座には大風呂敷を広げて「全部持っていけ！」というような気風《きっぷ》の良さがあり、仲間へお礼と称してご飯をご馳走することも。身銭を切る頻度が多く、金銭感覚はバグりっぱなし。そのため赤字にならないように注意が必要です。

太陽
やぎ座

太陽やぎ座の未来の切り開き方

「絶対勝つ！　絶対勝つんだ！　と自らの欲に忠実になること」これが、太陽やぎ座が未来を切り開く方法です。やぎ座は星よみの中で、少し後方に立ってついていく大和撫子《やまとなでしこ》のような存在として語られることがあります。

確かに、的確かつ無駄のないサポート力があるという点については、すこし後方を歩いている大和撫子的な存在になるかもしれません。でも、やぎ座の真価は人をサポートすることだけではないのです。

やぎ座は勝利のためならたとえ理不尽な状況であったとしても今できる最善を尽くしますし、周りの人が弱っていたらガンガン行動を起こして攻めの姿勢を持って勇気づけることができます。つまり、攻守優れた有能な人であることがほとんど。

普段は周りと足並みを合わせることが多いかもしれません。でも、結果を出したい、未来を切り開きたいと望むのであれば、サポーターに回るだけではなく、太陽やぎ座が本来持っている主役級の能力を活かし、プレイヤーとして勝負の場に立つことが重要です。「自らの欲に忠実になること」「望む結果を出すことに最善を尽くすこと」この2つを意識してみましょう。

太陽
みずがめ座

太陽みずがめ座の未来の切り開き方

「一匹狼＆集団戦フル活用」これが、太陽みずがめ座の未来を切り開く方法です。基本、みずがめ座は一匹狼です。この性格から独立心が強い人が多く、あらゆる場面において依存することはありません。

すこし可愛げがないと言えば可愛げないのですが、一匹狼を貫く理由は、一人の時間をつくって、自分の好きなことを磨きたいという気持ちが強いからなのです。別に人が嫌いなわけではありませんし、むしろ人が好きなタイプが多いです。

そして、一人の力ではどうしようもないと判断したら、餅は餅屋と言わんばかりにそれぞれの専門家を集め、集団戦ならではのメリットをフル活用し、手際よく未来を切り開いていきます。

ただし、仲間とともに未来を切り開いた後は、「じゃあ、またどこかで」というふうに、それぞれがあるべき場所へ戻ることも。でも、戦友のような感覚があるため長い付き合いになり、必要とあらば再結集するようなこともあるでしょう。

そんな太陽みずがめ座にも1つだけ弱点が。それは「自分らしさを出すこと」です。ここでいう自分らしさとは「やりたいようにやる」という意味。その点を意識しながら未来を切り開いていきましょう。

太陽
うお座

太陽うお座の未来の切り開き方

「私の直感がイケると言っている！」これが、太陽うお座が未来を切り開く方法です。うお座の直感はとにかく当たります。どれだけ荒唐無稽な発言をしていたとしても、どうしたことか、とにかく不思議と当たるのです。

あることについて信じたり期待することで、それが実現する現象を表す言葉に「予言の自己成就」があります。「○○になる気がする」と予言をしたとき、うお座は純度１００％でそれを信じることができ、すぐ行動に移すことができます。

もはや予言の自己成就というより、未来予知と言っても過言ではないレベル。未来に対して希望に満ち溢れた直感が降りてきたときは、うお座はとにかく直感を信じて、その心のままに突き進むことが大切です。

ただし、直感の鮮度は3秒以内だということを覚えておきましょう。直感が降りてきたときに、「うーん、どうしようかなー」と考えた場合は、それはもう直感ではなく思考になっています。一旦待てのサインだと思って、少し時間を置いてからリトライしてみましょう。

また物事を考えてまとめることが苦手な一面も。あなたの話を理解し、意図を汲み取ってくれる人の助けを借りるようにしましょう。

月星座で読む過去の癒やし方

月星座とは、あなたが生まれたときに月が滞在していたサインのこと。

これからあなたが理想の未来を作りあげていくうえで、月星座について理解を深めることがとても大切です。理解を深めると言っても、複雑な話ではありません。

月は、あなたの「心」や「感情」を象徴する天体です。これまで経験してきた怖かったことやつらかったこと、楽しかったこと……。良いも悪いも含めて、全て月が象徴する心に刻まれているのです。

たとえば、非常に後味の悪い別れ方をしたパートナーから着信があったとしましょう。その瞬間まではすっかり忘れていたのに、画面に表示された相手の名前を見ただけで、まるで昨日のことのように記憶が蘇《よみがえ》り、不愉快な感情が噴出してくると思います。

別れた相手よりも素敵なパートナーを見つけて幸せになりたいと思っているのなら、月星座が抱えている過去の記憶を癒やす必要があります。いつまでも、「恋愛なんて……」とか「素敵なパートナーに出会うのは無理」と、ひねくれた態度を取っていたら、素敵な相手と結ばれない未来が延々と続いてしまうことになるからです。

あなたの心の中を居心地良いものにするべく、月とセットになっている星座の性格を活かしていくことが大切なのです。

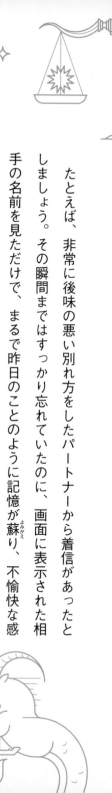

月
おひつじ座

月おひつじ座の過去の癒やし方

「自分の思うようにやらせてもらうこと」これが、月おひつじ座の過去の癒やし方です。月おひつじ座を持つあなたは幼い頃に「自分のやりたいようにやらせてもらえなかった」という痛みを抱えていたのではないでしょうか。この影響から、大人になった今でもやりたいようにやることへの強い抵抗を感じているのです。

過去の痛みを放置したままだと、やりたいことがあってもついつい遠慮して、「いや、私は大丈夫です」と、チャンスを自ら手放してしまうこともあります。逆に、本当は望んでいないし、その選択が喜びではないにもかかわらず、間違った選択肢を自ら選んでしまうこともあります。どちらにせよ、思うようにやれずにフラストレーションを抱えがちになるのです。そのまま行動を起こすのは、ブレーキがついていない車と同じ。加速はするけれど減速が効かず、あらぬ事故を起こしてしまいがち。せっかく行動を起こしても、事故を起こしてしまっては本末転倒です。

こんな状況に置かれているのなら、「決める一択」（P152参照）の太陽おひつじ座と関わることで癒やしが起こります。また、やりたいようにやらせてもらえる環境（コミュニティでも何でもOK）に飛び込んだり、人と関わることが大切。過去に対する癒やしが起こり、未来へ向かっていくときのサポートもしてくれるでしょう。

月
おうし座

月おうし座の過去の癒やし方

「子どもが遊ぶのと同じようにただ楽しむこと」これが、月おうし座の過去の癒やし方です。月おうし座を持つあなたは幼少期に「自由に遊ばせてもらえなかった」もしくは、「子どもらしく遊ぶことを抑圧されていた」という痛みを抱えていたりします。この影響から、大人になった今でも、何をするにも楽しいかどうかよりも、その他大勢が歩いているレールに沿った生き方を選択しがちになります。

おうし座は、ごちゃごちゃした目的や大義名分よりも、「私が採った選択肢は楽しいものなのだろうか?」といったように判断基準がとにかくシンプル。そんなおうし座が、幼い頃に自由に遊ばせてもらえなかった体験をしてしまうと、おうし座が持つ良さが100%失われてしまいます。そして、当たり障りない生き方をするようになるのです。

もし、あなたがこの状態に当てはまっているとしたら、太陽おうし座と関わるのがおすすめ。また、どんなに小さなことからでも構わないので、無理のない範囲で「今までやりたかったけどつい我慢してしまったこと」にトライしてみるといいでしょう。癒やされることによって「生きるって楽しいな」と毎日実感できるようになります。それをきっかけにして、楽しさに満ちた未来も生まれていくのです。

月
ふたご座

月ふたご座の過去の癒やし方

「心ゆくまで話を聞いてもらうこと」これが、月ふたご座の過去の癒やし方です。月ふたご座を持つあなたは子ども時代に「話を聞いてほしいタイミングで聞いてもらえなかった」という痛みを抱えていた可能性が高いです。

この痛みは大人になったあなたにも引き継がれ、「私の話は聞いてもらえないんだ」という心の壁を作ってしまっています。それと同時に、よしんば話せたとしても、いつもどこか遠慮がちに話してしまうこともあるかもしれません。お腹から声を出すように、声を張った状態で話すことへの苦手意識を植え付けられているのです。

ふたご座は星よみの中で、「知的好奇心が旺盛でいつもスマホでググって調べ物をしている」という表現をされることがよくあります。でも実は、調べ物をしてインプットするよりも、インプットしたことをアウトプットして、その話を聞いてもらうほうに喜びを感じる性格をしています。心ゆくまで話を聞いてもらえないままだと人とコミュニケーションを取ることができず、ひとりぼっちになってしまうことも。それは月ふたご座にとって不本意のはず。

手っ取り早い方法としては、太陽ふたご座や聞き上手の太陽てんびん座に「私の話を聞いて」とお願いをすることをおすすめします。

月
かに座

月かに座の過去の癒やし方

「ありのままの気持ちを受け止めてもらう」これが、月かに座の過去の癒やし方です。月かに座を持つあなたは幼かった頃に「親や先生、周りの友だちの顔色をうかがって生きていたから、自分の気持ちの出し方がわからない」という痛みを抱えていた可能性が高いです。

よく、子どもは親のことを観察していると言いますが、月かに座はこの最たる例です。自分のありのままの気持ちを出すことによって、相手が不愉快になるのではないかと心配になってしまい、気持ちを伝えることに対する妙な遠慮が生まれたり、感情表現をすることに対して苦手意識を持ったりすることがあります。

このような状態であったら、星よみ的に「感情を司る水星座」と言われる、太陽かに座や太陽さそり座、太陽うお座に頼ってみましょう。「全部吐き出して大丈夫だよ」と、嘘偽りのない言葉をあなたに投げかけてくれるでしょう。

右に挙げた3つのサインは、心に響くことを大事にして言葉を伝える星座です。頭の中で、「受け止めてもらえないのでは?」と思っていたとしても、心は正直に安心を感じるはず。素直に気持ちを吐き出してみてください。癒やされることで、世界は優しいものだと感じられるようになります。そして、月かに座が本来持っている豊かな感情表現が、同じように苦しむ人の助けになるでしょう。

月
しし座

月しし座の過去の癒やし方

「100%の絶対肯定をしてもらうこと」これが、月しし座の過去の癒やし方です。月しし座を持つあなたは子ども時代に「頭ごなしに全否定されて自信を全て失った」という痛みを抱えていた可能性が高いです。そのため大人になってからも、常に自分に対する自信を持てない状態になりやすいのです。

無理に自信を持てとは言いません。ですが、自信があるに越したことはありません。何をするにも、「まぁ、とりあえずやってみるか」とフットワークが軽くなりますし、少し大袈裟ですが、挑戦を楽しむ生き方ができるようになります。

しかし、頭ごなしに全否定されて自信を失ったという痛みから、月しし座を持つ人にとって、自信を持つことはそう容易なことではありません。まずは心のリハビリが必要です。太陽しし座や、お世辞は言わないけれど褒め上手な太陽いて座など、褒めることが上手な人に頼り、あなたのことを100%肯定してもらって安心感を得ましょう。そのうえで、自分自身に自信が持てるように少しずつ成長していけばいいのです。

癒やされることで、月しし座が本来放てる輝きや自信を取り戻すことができます。それを理想の未来を叶える原動力にしてください。

月
おとめ座

月おとめ座の過去の癒やし方

「わがままを叶えてくれること」これが、月おとめ座の過去の癒やし方です。月おとめ座を持つあなたは、幼少期から長女気質のおとめ座の性質を無意識のうちに出していたはずです。

周りの大人には、わがままを言わない良い子として映っていたため、逆に何かあると「お姉ちゃん、お兄ちゃんなんだからわがまま言わないの！」と注意されることが多く、年相応のわがままを言えない痛みを抱えていた可能性が高いです。

大人になった今も、というよりも大人になった今だからこそ、わがままを言い出しにくいと感じているはずです。そしてそのせいで心が鬱屈しやすくなっています。

どんなに些細なことでも構わないので、わがままを叶えてくれる人と接するようにしましょう。また、「私の役に立てることがあるなら嬉しい」という性格の太陽おとめ座さんに頼って、過去を癒やすことをおすすめします。

わがままを言うことに躊躇《ちゅうちょ》する必要はありません。信頼関係がある人なら、「どうした急に！　かわいいな」といった具合に、スッと受け入れてくれるものですよ。癒やしを少しずつ進め、わがままだけでなく主張も臆することなく言えるようにしていきましょう。

月
てんびん座

月てんびん座の過去の癒やし方

「素のままの自分を認めてもらうこと」これが、月てんびん座の過去の癒やし方です。月てんびん座を持つあなたは、子ども時代に「手の掛からない良い子レッテル」を貼られてしまい、素の自分を出しにくくなったという痛みを抱えていた可能性があります。

大人になった今もどこかで、実像のあなたではない、虚像のあなたとして振る舞っていたりすることはありませんか？　その虚像のあなたは良い子レッテルを貼られたときのあなたであるため、言うまでもなく、周りからのウケは抜群だったりします。

処世術として捉えればこれはこれで良いかもしれませんが、感情や心を司る月が無理をしすぎている状態。シンプルにストレスがたまります。

過去を癒やしたいと思ったときは太陽てんびん座と関わるか、まるっと受け入れることが得意な太陽うお座や、素のままで生きる太陽おひつじ座に頼るといいでしょう。

虚像のあなたに癒やしが起こったとき、あなたにとって無理のない処世術を身につけることができ、それがプラスの力へと変わっていくでしょう。また、「自分らしさを出すことは素敵なこと」だと感じられ、日々安心してすごせるようになります。

月
さそり座

月さそり座の過去の癒やし方

「ダークネス100％のあなたを全部受け止めてもらうこと」これが、月さそり座の過去の癒やし方です。月さそり座を持つあなたは、滅多なことがない限り本心で話をしようとはしません。そのため、幼少期に親や友だちにさえも本心を打ち明けることはなかったでしょうし、そのことに対する痛みを抱えていたはずです。

そのまま成長して学生になり、社会人になるにつれて、打ち明けられない本心の中に真っ黒いダークネスなものがたまっていったはず。その黒い心が、月さそり座の行動や人の見方を歪ませてしまう原因になっている可能性があります。

幸いにも月さそり座は抱えている闇をも愛することができ、「こういう自分がいてもいい。それを出し続けるかどうかは別問題」と、自分をコントロールできます。でもそう思えるのは、「ダークネス100％のあなたを全部受け止めてもらう」体験をして心が満たされていることが条件です。

あなたにこのような傾向がある場合は、あなたの綺麗なところだけではなく、真っ黒に染まった部分もひっくるめて愛し、全部受け止めてくれる太陽さそり座に相談しましょう。そのような人と接することで過去のあなたに癒やしが起こります。遠慮せずに本心を言えるようになり、常に心健やかな状態で未来へ向かえます。

月
いて座

月いて座の過去の癒やし方

「失敗体験を全力で褒められること」これが、月いて座の過去の癒やし方です。月いて座を持つあなたは子ども時代に「全力で頑張ったことに対して失敗だと責められた」という体験をしていることが多く、失敗をすることへ恐怖心を抱えていた可能性があります。

いて座は何をするにもとにかく全力です。未来のため、自身が決めた目標を達成するために、"今"できることに手を抜きません。しかし、細かいチェックがやや苦手。全力を尽くしたにもかかわらず、的外れになることがあるのです。

期待していたものから大きくそれた結果が出てしまい、それを失敗だと責められてしまうと、もう一度立ち上がる気が失せてしまうことも……。

また、心にダメージを負っている月いて座は「失敗は成功の元」と考えられず、目標を達成したり、成功するために必要な才能を活かし切ることができないこともあります。

そうした状態にならないためにも、「一生懸命頑張った！　１００点満点のテストでも、全力を尽くしたのなら50点でも満点だ！　次を頑張ろう！」と、褒めてくれる人と関わりましょう。特におすすめなのは、太陽いて座と太陽しし座です。頭を切り替え、先へと行けるようになるはずです。

月
やぎ座

月やぎ座の過去の癒やし方

「頑張りを強要されず、努力を認めてもらうこと」これが、月やぎ座の過去の癒やし方です。月やぎ座を持つあなたは幼かった頃に「頑張ったのに結果が伴わなければ、努力を認めてもらえなかった」という痛みを抱えていた可能性があります。そのため、頑張ろうとすると過去の記憶が蘇り、過剰な緊張を感じながら努力をしているはずです。

このような痛みを抱えていると、努力を認められない場合、「もっと頑張らないといけないんだ」と思うようになります。本来、努力というのは目標を達成するための手段の1つであるはず。それなのに、痛みを抱えた月やぎ座は、頑張ること＝認めてもらう手段へとすり替わってしまっているのです。

月やぎ座の努力量は尋常じゃありません。それなのに努力を認めてもらえなかったのは、あなたが悪いのではなく、「あなたに頑張りを強要し、努力を認めない心の傷」を持った相手側に責任があります。

月やぎ座が抱えている痛みを癒やすためには、「もう頑張ってるじゃん」とまっすぐ認めてくれる人と関わること。ただ、それだけです。おすすめは、太陽やぎ座と、気持ちがラクになる言葉を伝えてくれる太陽かに座です。

月
みずがめ座

月みずがめ座の過去の癒やし方

「出る杭《くい》を出しまくって、打たれない高さまで出す」これが、月みずがめ座の過去の癒やし方です。

月みずがめ座は子ども時代に「周りと合わせたくないけど、周りに合わせないといけない」という痛みを抱えていた可能性が高いです。

大人になってからも、やけに周りに合わせるような振る舞いをすることが多く、「本当は周りのことを気にせずに○○したいけど……」といった葛藤状態に陥りやすくなります。本意ではないものの、周りに合わせて「杭」が出ないようにしているのです。

もちろん、周りに合わせるのは大事です。ですが、それによって自分を出せなくなるのは別問題。そのままの状態だと、どこを切っても同じ絵になる金太郎飴のような生き方になってしまいます。

オリジナリティの代表星座・みずがめ座の性格上、このような生き方はかなり息苦しくなります。一刻も早く、自分というオリジナリティを前面に打ち出しながら生きている人と関わり、杭を出しても平気なのだということを学びましょう。あなたのやりたいように生きていくのが一番です。

全体的にみずがめ座は行動で示すタイプが多いので、月みずがめ座も行動を起こすことで、心に癒やしが起こりやすくなります。

月
うお座

月うお座の過去の癒やし方

「まるっと愛してもらうこと」これが、月うお座の過去の癒やし方です。月うお座を持つあなたは幼少期に「まるっと愛されなかった」という痛みを抱えていた可能性が高いです。その影響からなのか、自己評価がかなり低かったり、「私って頼りない。みんなの足を引っ張っているんだろうな」と、自身に対してマイナス査定を下しやすいところがあります。

月うお座は他の星座と比べると少し不思議なコミュニケーションの仕方をするため、なかなか理解されないこともあります。しかし、求めているのは「理解」ではなく、「まるっと受け入れてくれること」なのです。

過去を癒やすためには、月うお座よりも受け入れ力のある人と関わる必要がありますが、そのような人とはなかなか出会えないことが問題です。おすすめは、どの星座よりも許容力の高い太陽うお座へ相談すること。あなたの心中を全て吐き出したとしても、生まれ持った高い受容力や心の繫がりを大事にする太陽うお座なら、「わかるよ」「いいよ」と、上辺だけではない優しいエネルギーの詰まった言葉を返してくれるはずです。

まるっと愛される経験をして、極上の安心感を得てくださいね。

あとがき

『星よみの教科書 運勢占い』をお読みいただき、ありがとうございます。

本書は僕にとって2作目の書籍です。前作『星よみの教科書 1時間でホロスコープが読めるようになる本』が発売されたのは、2023年の5月のこと。こうして第2弾を出せるようになったのも、読者の皆さまのおかげです。

前作のテーマは、「ホロスコープを使って鑑定し、自己分析できるようになる」でしたが、本作は「運勢を占い、未来を知ることができる」というコンセプトにしました。**第1弾から読んでも、第2弾から読んでも、どちらでも問題ないように書きました。**ただ、未来が大好きな太陽いて座の僕にとっては、前作以上に執筆に気合が入ったのはここだけの秘密です。

運勢を占うことがもっと日常になったとき。大袈裟じゃなく、悲観的になる人がいなくなると思います。**「未来」とは、運勢を占えない人にとっては何が起こるかわからない未知の領域ですが、運勢を占える人にとっては決して不安な世界ではありません。**

あなたが今、パートナーとの関係に悩んでいるとして、来月の恋愛運が最高だと鑑定できたとしましょう。「だったら心配する必要ない」と、今の悩みを手放せるかもしれません。

逆に、未来に人間関係で不安が起こりそうという鑑定結果だった場合。「人と接するときは言葉遣いに気を付けよう」と、対策を立てられることでしょう。星が味方をしてくれていると思うと勇気が出てきて、最終的にあなたが実現したい夢を叶えることができるのです。

運勢占いはプロの占い師が行うもので、素人にはできないのでは……と半信半疑でこの本を読み進めてくれた方もいるかもしれません。いい意味で予想を裏切られたのではないでしょうか？　そう、本書の通りにやれば、かんたんに自分自身が自分の専属占い師になれるのです。

「難しいと思われがちな運勢占いがもっと日常になるように」と祈りを込めて執筆すると決め、チーム一丸となって取り組む中で、たくさんの人の力をお借りしました（運勢占いのプロとしてXや鑑定の現場でも大活躍をされているみゃーずさん【@stella_mya_zu】さん、アドバイスを本当にありがとうございました）。

最後になりますが、星よみの教科書チームの皆さん、関係者の皆さん、そして、本書をお手に取ってくださったあなたに、感謝の気持ちでいっぱいです。本当にありがとうございました！

「プロとしてバリバリ
鑑定していきたい」という方が
いらっしゃいましたら、XやLINE、
オンラインスクールでお待ちしています。
星よみを楽しみながら
一緒に鑑定力をアップさせて
いきましょう！

太陽星座おひつじ座分析カード

肩書き

みんなの突撃隊長

おひつじ座

［自己分析］

- やめられない
- 止まらない♡
- かっぱえび○ん系
- 実は冷静に観察
- 実は明るい根暗
- 実は突撃していない
- 気が付いたら動いている

［好きな言葉］

- やろう！
- 行こう！
- やるか、やらないか
- やるなら、やるだけ
- やらないなら、やらない
- 人生はシンプルでしょ
- 決めればラクになる

［嫌いな人］

- ノリが悪い人
- 本気でやらない人
- 決めるのが遅い人
- 私語＞手を動かす人
- 執着して止まり続ける人
- 律儀&筋を反故にする人
- 目上の人に対して雑な態度の人

［好きな人］

- ノリが合う人
- 波長が合う人
- 温度感が同じ人
- すぐに決める人
- 目上を立てられる人
- 律儀で恩義を忘れない人
- 譲るべきところは譲れる人

特典

太陽星座おうし座分析カード

肩書き

クチャラー、ダメ、ゼッタイ

おうし座

[自己分析]

- 牛歩の戦術
- 1.0進&0.8退
- 座学よりも実践派
- 体重計に乗るのが怖い
- 不明部分を座学で補完
- 子どもの頃、近所の人から“やればできる子”認定

[好きな言葉]

- 喉渇いた
- お腹空いた
- 歩き疲れた
- やってみていい？
- やってみたらできた！
- 最初から延々座学は、眠い……

[嫌いな人]

- クチャラー
- 刺し箸&寄せ箸をする人
- ポッキー舐めているみたいに箸を舐めている人
- ストローを噛んでいる人
- めっちゃ爪を噛んでいる人
- 爪の間に垢が詰まっている人

[好きな人]

- 食べ方が綺麗な人
- 爪や末端が綺麗な人
- 食べ物に感謝できる人
- 箸の使い方が綺麗な人
- 清潔感に溢れている人
- シャツの襟が綺麗な人
- 靴下に穴が空いていない人

太陽星座ふたご座分析カード

肩書き

Wikipediaより Wikipedia

ふたご座

［自己分析］

- 調べるのが大好き
- グーグル先生も好き
- Wikipediaも大好き
- 「検索」という文字で白飯
  3杯食べられるレベル
- 知識の吸収が異常に早い
- 得意分野を喋るのが大好き

［好きな言葉］

- まぁ、〇〇
- とりあえず
- 考えようよ?
- 面白い人だな
- 待って、今ググる
- ちゃんと考えた?
- どこか行かない?

［嫌いな人］

- 考えすぎる人
- フットワークが重い人
- リサーチを任せない人
- 絵に描いた真面目系の人
- 情報を無料でクレクレする人
- 情報を鵜呑みにする系の人
- 人の話を横取りする系の人

［好きな人］

- 地頭が良い人
- 意見を持っている人
- 連絡頻度が似ている人
- 深く考え込まない人
- 考えることが好きな人
- 思わず笑顔になれる人
- ユーモアがある人

太陽星座かに座分析カード

肩書き

尻に敷くカカア天下

かに座

［自己分析］

- 回遊系かまってちゃん
- 実はかなりスパルタ
- 尻に敷くカカア天下系
- 共感すると言われるが
- 不快にさせないだけで
- ビチャビチャ共感だけは
絶対にしないよ

［好きな言葉］

- かまってよぉ
- ほっといてよぉ
- 気持ちを大事に
- 好き嫌いに正直に
- 喜んでもらいたい
- やれる？　やれない？
やるなら見守る、絶対に

［嫌いな人］

- 怒る人
- キツイ人
- 怒鳴る人
- 愛のない人
- 気持ちを考えられない人
- 思い込みで人の気持ちを
安易に決めつける不届者

［好きな人］

- 優しい人♡
- 優しい人＝叱れる人
- 愛を持って叱れる人
- 愛と信じてかに座の尻に
愛をもって敷かれる人
- 気持ちを急かさない人
- 気持ちを考えられる人

太陽星座**しし座**分析カード

肩書き

半泣き強がりさん

しし座

［自己分析］

- 絹豆腐メンタル
- 強い人と見られる
- 実際、心は半泣き
- 期待に応えるために
- 実際、涙は流さない
- シャワーを浴びて泣く
- 悩みがないと見られる

［好きな言葉］

- 「俺」「私」
- 自分で決める
- 納得して決める
- 「らしく」生きる
- 失敗しても這い上がる
- この程度では終わらない
- 納得できないことはやらない

［嫌いな人］

- 向上心が低い人
- 現状維持系の人
- ウジウジEndlessな人
- 堂々ではなく偉そうな人
- 仲間を雑に扱い出す人
- 仲間を売ろうとする人
- 他人を模倣している人

［好きな人］

- 向上心が強い人
- 堂々としている人
- 失敗を恐れない人
- 本気で高め合える人
- 仲間を大事にする人
- 仲間のために体を張る人
- 自分の世界を持っている人

特典

太陽星座おとめ座分析カード

肩書き

表面細やか、実は大雑把

おとめ座

［自己分析］

- 細かく見られる
- 神経質だと見られる
  ↑2つは本当に勘弁
- 実際はかなり大雑把
- なんでもいいisガチ
- リサーチはするけど要点以外はなんでもいい

［好きな言葉］

- あの日に
- あのときに
- あの場所で
  ↑思い出が大事♡
- 一緒にやろうか?
- 一緒に考えようか?
- なんでもいいよ

［嫌いな人］

- 圧を感じる声の人
- 「細かい」と言う人
- 一緒に考えない人
- 「なんでもいいよ」
  ↑を聞いて優柔不断認定する人
- あまりにも雑な扱いをする人

［好きな人］

- 中性的なボイスの人
- 一緒に考えられる人
- 細かい扱いをしない人
- 「なんでもいいよ」
  ↑真意がわかる人
- 相談を根気強く聞ける人
- 若干、お姫様扱いしてくれる人

太陽星座てんびん座分析カード

肩書き

特別枠には激甘甘太郎

♎ てんびん座

[自己分析]

- 地獄耳
- 普通枠には飴玉1個
- 恋愛枠には飴玉3個
- 特別枠には餌付け
- ハメを外し切れない
- 聞き上手と言われる
- 話の7割は聞いていない

[好きな言葉]

- 公平、全体的に
- 楽しいことをしたい
- 好きなことをしよう
- ハメを外すのが大事
- みんなにとってどう?
- どっかに行こうかね?
- 一緒に過ごす時間が大事

[嫌いな人]

- 返事が遅い人
  ↑特にデートのとき
- 遊びで遅刻する人
  ↑仕事のときより嫌
- 不公平上等な人
- 愚痴吐き壺と勘違いしている人
- 生産性のない相談が多めの人

[好きな人]

- 情に厚い人
- ユニークな人
- 所作が美しい人
- 努力を見せない人
- 好意に気付ける人
- 愛のあるイジリをする人
- 私の前だけで弱音を吐く人

特典

太陽星座さそり座分析カード

肩書き

秘すれば花だが、稀に多弁

さそり座

［自己分析］

- ダメンズ製造機
- THE極端な性格
- 稀に脱「秘すれば花」
- 脱「秘すれば花」＝多弁
- 多弁後、独り大反省会
- 3人以下の集まりが好き
- 4人以上の集まりはイマイチ

［好きな言葉］

- しゅきぴ♡
- 秘すれば花
- 沈黙は金なり
- 雄弁は銀なり
- 多弁は銅なり
- 信じる、信じ抜く
- 推し&同担（ヲタク）

［嫌いな人］

- 嘘をつく人
- 口が軽すぎる人
- 「好きw」と言う人
- 保身の嘘をつく人
- 「好きwww」と言う人
- 恋愛で冗談を言う人
- 心への無断接近をする人

［好きな人］

- 一途すぎる人
- 嘘をつかない人
- 嘘も方便がわかる人
- 若干、闇を感じる人
- 口がダイヤ級にかたい人
- 「好き」に対する責任を心得ている人

太陽星座いて座分析カード

肩書き

人生、体当たり戦法

いて座

［自己分析］

- メンターが必要
- 根がクソ真面目
- 頭の中が不自由
- 24時間Thinking
- 変化が大大大好き
- 数字の計算が苦手
- 押しに弱く断れない

［好きな言葉］

- 自由、学ぶ
- ～を目指す
- 面倒臭いな
- 「www」「!!!」
- 先へ、未来へ
- 楽しければいい
- 夢は実現するもの

［嫌いな人］

- 筋を通さない人
- 夢に水を差す人
- ビッグマウスな人
- 律儀になれない人
- 変化を拒み続ける人
- 利己的な想いしかない人
- 価値観が江戸時代級に古い人

［好きな人］

- 夢を深く語り合える人
- 夢を追い続けられる人
- 夢追い、Togetherな人
- 夢を実現し続けている人
- 夢の実現＝人のための人
- 人のために頑張れる人
- 思いが激アツ胸アツな人

特典

太陽星座やぎ座分析カード

肩書き

真面目な手抜きのプロ

やぎ座

［自己分析］

- 真面目じゃない
- 寝るのが大好き
- 手抜きが上手い
- やっているように見せるのが得意
- 押入れの中は一生開かずの間

［好きな言葉］

- 継続は“命”
- 試行錯誤は大事
- 丁寧語が大好き
- いかに手を抜くか
- 手を抜いて休みたい
- 努力は嘘をつかない
- 試行錯誤&継続努力

［嫌いな人］

- 不真面目な人
- すぐに諦める人
- 仕事で嘘をつく人
- 地頭を使わない人
- 成長を諦めている人
- 無責任気質が10割
- 約束を破りまくる不届者

［好きな人］

- 努力家
- 諦めない人
- しっかり者が7割
- うっかり者が3割
- 手助けしたくなる人
- 試行錯誤する人
- 成長が目に見える人

太陽星座みずがめ座分析カード

肩書き

新時代の申し子

みずがめ座

[自己分析]

- 冷静
- 声に抑揚なし
- 変態なる常識人
- 平時は抜け殻・極
- 実はすごい熱血漢
- 男前を超えた男前
- 緊急時は能力1000倍

[好きな言葉]

- 真剣
- 懸命
- 賢明
- 尊敬
- 尊重
- 尊厳
- さまざまな意見

[嫌いな人]

- 非真剣な人
- 非尊敬な人
- 非尊重な人
- 非尊厳な人
- 非懸命&非賢明な人
- あまりにも普通な人
- ナヨナヨで反骨心ゼロの人

[好きな人]

- 真剣な人
- 尊敬できる人
- 尊重し合える人
- 尊厳を守れる人
- 懸命で賢明な人
- ど変態(注:専門家)
- ムキムキ反骨心系の人

特典

太陽星座うお座分析カード

肩書き

惑星F54から来た新人類

うお座

［自己分析］

- ド直感
- リアリスト
- 直感目的地到着
- 思考目的地迷子
- 天使愛or閻魔愛
- 愛&酒に溺れる
- ナントカナル

［好きな言葉］

- スピってる
- 直感、夢中
- スピリチュアル
- みんなのため♡
- みんなでやろ♡
- 利益より笑顔♡
- ナントカナル

［嫌いな人］

- 怖い人
- あざとそうな人
- 中途半端な人
- 凹んでいるときに説明を求めてくる人
- 7割束縛&3割自由
- ナントカナルを理解しない人

［好きな人］

- 優しい人♡
- 内面キュート♡
- 全身全霊な人♡
- 凹んでいるときに見守ってくれる人
- 7割自由&3割束縛
- ナントカナルを理解してくれる人

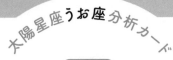

星《ほし》読《よ》みコーチだいき

（ほしよみこーちだいき）

いて座。占星術師。個人鑑定を行うほか、「オリジナルの表現で、サクサク鑑定可能なプロの占星術師に3ヶ月でなれる」オンラインスクールを主宰。シンプルに、かんたんに、楽しく「ホロスコープの読み方」を解説しているのが特徴。スクール生からは、プロの占星術師を多数輩出している。オリジナルの表現で発信するXも人気。著書に『星よみの教科書 1時間でホロスコープが読めるようになる本』（KADOKAWA）がある。

●X（メインアカウント）：@komorebi_daiki2
●X（サブアカウント）：@komorebi_daiki
●YouTube：だいきの星読みチャンネル
●ニコニコチャンネルプラス：星読みコーチだいきの爆笑ホロスコープゼミ

星《ほし》よみの教科書《きょうかしょ》 運勢占《うんせいうらな》い

1時間《じかん》で未来《みらい》のホロスコープが読《よ》めるようになる本《ほん》

2024年6月19日　初版発行

著者／星《ほし》読《よ》みコーチだいき
発行者／山下 直久
発行／株式会社KADOKAWA

〒102-8177　東京都千代田区富士見2-13-3
電話 0570-002-301（ナビダイヤル）

印刷所／大日本印刷株式会社
製本所／大日本印刷株式会社

お問い合わせ
https://www.kadokawa.co.jp/
（「お問い合わせ」へお進みください）
※内容によっては、お答えできない場合があります。
※サポートは日本国内のみとさせていただきます。
※Japanese text only

定価はカバーに表示してあります。

ISBN978-4-04-606861-3　C0011